산 위에 지은 방주

산 위에 지은 방주

우리 하나님의 말씀은 영원히 서리라

초판 1쇄   2020년 5월 30일

발 행 인   정창균
지 은 이   윤영탁
펴 낸 곳   합동신학대학원출판부
주   소   16517 수원시 영통구 광교중앙로 50 (원천동)
전   화   (031)217-0629
팩   스   (031)212-6204
홈페이지   www.hapdong.ac.kr
출판등록번호   제22-1-2호
인 쇄 처   예원프린팅 (031)902-6550
총   판   (주)기독교출판유통 (031)906-9191

ISBN 978-89-97244-81-2 03230
값은 뒷표지에 있습니다.

「이 도서의 국립중앙도서관 출판예정도서목록(CIP)은 서지정보유통지원시스템
홈페이지(http://seoji.nl.go.kr)와 국가자료종합목록 구축시스템(http://kolis-net.
nl.go.kr)에서 이용하실 수 있습니다. (CIP제어번호 : CIP2020019557)」

수은 윤영탁 교수 설교집

산 위에 지은 방주

윤영탁 지음

우리 하나님의 말씀은 영원히 서리라

합신대학원출판부

차례

발간사   **6**
추천사   **8**
머리말   **10**

1 에스겔의 하나님 ——————————— 13
에스겔 2:1-10

2 요셉의 모범적 신앙 ——————————— 33
시편 105:17-19

3 우리를 찾아오시는 여호와 ——————————— 47
열왕기상 3:1-15

4 엘리야의 신앙을 본받자 ——————————— 61
열왕기상 18:30-40

5 갑절의 영감 ——————— 85
열왕기하 2:1-11

6 히스기야의 응답 받는 기도 ——— III
이사야 37:14-20

7 고넬료의 경건의 능력 ——————— I3I
사도행전 19:1-8

8 형제가 동거하는 축복 ——————— I47
시편 133:1-3

참고문헌   170

발간사

윤영탁 교수님은 저의 오랜 선생님입니다. 40년 전 그 어려운 시절에 믿음의 결단으로 합신을 설립하신 고마우신 교수님들 가운데 한분입니다. 이 어른의 제자 사랑과 학교 사랑은 견줄 바가 없을 정도입니다.

윤 교수님의 설교집을 발간해야겠다고 맘먹은 데는 두 가지 이유가 있습니다. 첫째는 대장암 말기와 연이은 지독한 우울증의 늪을 극복하신 이후 이 어른의 설교가 너무나 힘이 있고 감동이 있었기 때문입니다. 윤 교수님의 설교인생은 대장암 이전과 이후로 나누어진다고 생각이 들 정도였습니다. 둘째는 은퇴를 눈앞에 둔 총장 제자로서 연로하신 선생님께 마지막 선물을 드리고 싶다는 욕심이었습니다.

그간의 설교를 몇 편 선별하여 설교집을 내자고 제안을 드렸습니다. 예상한대로 교수님은 펄쩍 뛰셨습니다. 자신은 설교자가 아니기 때문에 감히 설교집을 낼 처지가 아니라는 것이었습니다. 다른 분들이 자신을 욕할 거라며 끝까지 거절하셨습니다. 몇 번을 졸라대어 드디어 한 번 해보겠노라는 답을 얻었습니다. 그리고 두세 달 지나 완성된 원고를 보내오셨습니다. 원고와 별도로 몇 마디를 덧붙이셨습니다. 이 설교집을 엮는 과정이 너무 힘들었다는 것이었습니다. 글쓰기가 어렵거나 원고를 정리하는 것이 힘들었다는 말씀이 아니었습니다. 자신은 이렇게 설교집을 내고 자신의 이야기를 발표하기에는 너무 부족한 사람이라는 겸손 때문에 오는 갈등과 번민을 가리키는 것이었습니다. 그러면서 당부를 덧붙이셨습니다. "나에게는 너무나 힘이 든 이 작업이 본인의 의도가 아니라 총장님의 말씀을 하나님의 명령으로 알고 순종한 데에서 이루어진 점을 발간사에 밝혀주기 바랍니다." 사실은 발간사가 필요 없는데, 꼭 써서 이 사실을 밝혀달라고 하셨습니다. 윤 교수님은 평생 그렇게 겸손한 모습으로 살아오신 분이었습니다.

만주에서 태어나 형제자매 다 죽고 혼자 살아남아 남한으로 와서 어떤 고생을 하면서 그러나 어떻게 진실하고 성실하게 살았는지, 대장암을 이기고 나니 우울증이 닥쳐오니 그것이 만들어내는 그 비참한 심정과 죽고 싶은 마음을 이기는 것이 얼마나 힘들었는지, 살아온 그 과정에서 어떻게 하나님의 은혜를 누렸는지, 왜 당신에게는 감사 외에 다른 것은 있을 수가 없게 되었는지를 저는 소상하게 이 어른께 들었습니다.

그러한 인생여정을 지내시고 우리 앞에 평생의 스승으로 우뚝 서 계시는 이 어른의 설교를 읽는 모든 이들이 하늘로서 임하는 큰 은혜와 인생을 아름답게 사는 지혜를 얻게 되기를 기대합니다.

2020년 3월
합신 총장 정창균

추천사

윤영탁 목사님과는 1976년 총신 신학대학원에서 교수와 학생으로 처음 만났습니다. 신학교에 입학한 신입생이었던 저는 긴 유학 생활을 마치고 막 귀국하여 구약신학 교수로 부임하신 목사님의 첫 제자가 되었습니다.

목사님은 학자들이 그렇듯 진지하고 치밀하고 꾸준하셨습니다. 학문의 길이 하루아침에 완성되는 것은 아니라는 사실을 몸소 증언하시는 분이었습니다. 그동안 정성껏 번역하여 후학들에게 선사하신 『구약신학 논문집』 시리즈는 깊이 있는 논문들을 대할 수 있는 좋은 통로였습니다.

이제 평생의 은혜와 감사를 담아 목사님께서 설교집을 내놓으십니다. 목사님의 성품과 학문적 공헌에 혜택을 입은 제자로서 기쁘고 감사한 일입니다. 여기에 육성으로 담긴 진심 어린 고백과 권고가 우리에게 동일한 은혜와 소망을 불러일으킬 것이라 생각합니다.

하나님은 작고 숨겨진 방법으로 그 위대함을 드러내십니다. 소리 없이 대지를 적시는 봄비처럼, 말없이 하늘에 찬송을 수놓는 별들처럼, 목사님의 설교가 작은 음성과 온유한 심정으로 우리의 영혼을 하나님의 일하심 안에서 쉬게 합니다. 그 풍성한 은혜로 여러분을 초대합니다.

남포교회 원로목사 박영선

머리말

구약학 교수인 제가 설교집을 출판하게 되어 많은 분들을 놀라게 하지 않을까 염려가 됩니다. 사실 저는 이렇게 설교집을 낼 엄두도 못 냈습니다. 그런 저에게 어느 날 정창균 총장님으로부터 그동안 했던 설교 가운데 몇 편을 추려서 저의 설교집을 출판하겠다는 제안을 받았습니다. 그것은 제가 할 일이 아니라고 극구 사양하고 거절하였습니다. 그러나 정 총장님으로부터 반복적인 통지를 받고 저는 이 통지를 하나님의 명령으로 받아들이게 되었습니다. 그리하여 합신의 경건회 시간에 전한 말씀들 중에서 여덟 편을 담아 설교집을 만들기로 했습니다. 그런데 이 과정이 저에게는 너무나 힘이 들었습니다. 그러나 이를 준비하는 과정에서 주님의 은혜를 재음미하게 되어 정창균 총장님께 오히려 감사를 드립니다. 그리고 박영선 목사님이 여러모로 격려를 해 주실 뿐만 아니라 추천사까지 써주셔서 감사를 드립니다.

지금까지 살아오면서 저에게 자랑할 것이라고는 하나님의 은혜 밖에 없음을 고백하지 않을 수 없습니다. 만주에서 태어난 열 형제자매 중에서 홀로 살아남아 중학생 때에 서울에 온 저에게 하나님께서는 "축복의 소낙비"(showers of blessing. 겔 34:26)를 내려주셔서 오늘의 제가 된 것입니다. 따라서 오랜 세월을 살아온 지금 저의 마음에 가장 귀하게 자리하고 있는 것은 하나님의 은혜입니다. 다윗은 "너희는 여호와의 선하심을 맛보아 알지어다 …"(시 34:8)라고 역설하였습니다. 바라기는 이 설교집에 실은 저의 부족한 설교 몇 편이 독자 여러분께서 주님의 은혜를 맛보고 깨닫는 데에 도움이 되기를 기원합니다.

수은(受恩) 윤영탁

1 그가 내게 이르시되 인자야 네 발로 일어서라 내가 네게 말하리라 하시며 2 그가 내게 말씀하실 때에 그 영이 내게 임하사 나를 일으켜 내 발로 세우시기로 내가 그 말씀하시는 자의 소리를 들으니 3 내게 이르시되 인자야 내가 너를 이스라엘 자손 곧 패역한 백성, 나를 배반하는 자에게 보내노라 그들과 그 조상들이 내게 범죄하여 오늘까지 이르렀나니 4 이 자손은 얼굴이 뻔뻔하고 마음이 굳은 자니라 내가 너를 그들에게 보내노니 너는 그들에게 이르기를 주 여호와의 말씀이 이러하시다 하라 5 그들은 패역한 족속이라 그들이 듣든지 아니 듣든지 그들 가운데에 선지자가 있음을 알지니라 6 인자야 너는 비록 가시와 찔레와 함께 있으며 전갈 가운데에 거주할지라도 그들을 두려워하지 말고 그들의 말을 두려워하지 말지어다 그들은 패역한 족속이라도 그 말을 두려워하지 말며 그 얼굴을 무서워하지 말지어다 7 그들은 심히 패역한 자라 그들이 듣든지 아니 듣든지 너는 내 말로 고할지어다 8 너 인자야 내가 네게 이르는 말을 듣고 그 패역한 족속 같이 패역하지 말고 네 입을 벌리고 내가 네게 주는 것을 먹으라 하시기로 9 내가 보니 보라 한 손이 나를 향하여 펴지고 보라 그 안에 두루마리 책이 있더라 10 그가 그것을 내 앞에 펴시니 그 안팎에 글이 있는데 그 위에 애가와 애곡과 재앙의 말이 기록되었더라

에스겔의 하나님

사실은 작년 종강 예배 때에 제가 말씀을 전하기로 되어 있었으나 여의치 못하였습니다. 대장암 말기를 이긴 후 수개월 동안 우울증에 시달려 말로 표현하기 어려운 인생의 바닥을 헤매었습니다. 날마다 오늘이 마지막인가 생각되어 고전하면서도 천국을 더욱 사모했다는 사실이 신자와 불신자의 차이점이 아닌가 생각합니다. 저를 다시 일으켜 주셔서 오늘 여러분과 함께 말씀을 상고할 수 있게 되어 주님께 감사를 드립니다.

바벨론 포로인 에스겔

에스겔이 하나님의 일꾼으로 부름을 받은 것은 그가 25세

의 나이 때부터 바벨론에서 5년간의 포로 생활을 하고 있을
때였습니다. 유일하게 성지 밖에서 소명을 받은 그는 이렇게
해서 스가랴처럼 제사장인 동시에 선지자가 된 것입니다. 제
사장 계통인 그로서는 성전에서 하나님을 섬기는 일에 헌신해
야 될 나이에 이러한 처지에 놓이게 되었으니 참으로 처참해
보입니다. 인간적으로는 받아들이기 어려운 하나님의 일하심
같이 여겨집니다. 그래서 유대인들은 이것을 아주 못마땅하게
생각하였습니다. 그들은 그럴 리가 없다는 생각에서 에스겔이
본국에서 제사장의 사역을 하다가 소명을 받고 포로로 끌려갔
다고 해석을 하기에 이르렀습니다.

　에스겔에게서 우리가 특별히 배울 것은 "나는 약한 자"라
는 점입니다. 그 사상이 에스겔에게 철저했습니다. 따라서 에
스겔서를 보면 여호와께서 그에게 말씀하실 때에 "에스겔"이
라는 이름 대신에 93회나 "인자"라고 부르셨습니다. 간혹 "너
인자야"라고도 부르셨습니다(2:6[원문],8; 3:25; 4:1; 5:1; 21:6 [11],
14[19],28[33]; 22:2[원문]; 33:10[원문]; 39:17 등). 이 용어는 오늘
현대 히브리어에서도 그저 "인간"이라는 뜻으로 사용되어 대
화 중 평범하게 그는 "좋은 사람이야"라고 말할 경우에 *벤 아
담*(인자) *토브*라고 합니다. "에스겔"이라는 이름으로 나타나는
세 구절(원문: 1:3; 24:24; 대상 24:16 *여헤스겔*)에서도 모두 그가
하나님의 말씀을 받는 대언자임을 가리킬 뿐입니다. 1:3에서
개역개정판이 번역한 "나 에스겔에게"에서의 "나"는 원문에

없고 또한 여호와의 권능이 "내 위에 있으니라"에서 "내 위에"(알라이)도 칠십인경을 따라 원문의 "그 위에"(알라브 -새국제역본, 영어표준성경)를 수정한 것입니다. 역시 한글성경들의 24:22에 나타나는 "에스겔"도 원문에는 없습니다. "인자"라는 말은 인간이 타락한 아담의 후손이요 죄악 가운데서 태어난 존재임을 가리킵니다(시 51:5). 인생이란 호흡이 코에 있어서 셈할 가치가 없는 존재입니다(사 2:22). 따라서 다윗은 다음과 같이 고백했습니다. "사람이 무엇이기에 주께서 그를 생각하시며 인자(벤 아담)가 무엇이기에 주께서 그를 돌보시나이까"(시 8:4). 저도 교수직에서 은퇴했으니 이제는 주님 나라에 갈 익은 곡식으로 준비되어야 하는데 그렇지 못해서 괴로워합니다. 오래 살면 살수록 더 실수가 많아지고 더 부족해지는 것 같아서 "주님, 제가 빨리 주님의 나라로 가면 좋겠습니다"라고 기도를 드릴 때가 있습니다. 그래서 인자라는 칭호에 대한 남다른 관심을 갖게 되어 주님께서 우리 모두를 그렇게 부르시며 깨우쳐주시면 좋겠다고 생각하고 있습니다. "너는 인자야!" "너는 벤 아담이야!"라고 말입니다.

  저는 2006년 대장암 말기 수술을 받고 수년 동안 힘든 항암 치료를 받은 일이 있었습니다. 그 이후 받은 탈장 수술은 가장 견디기 어려웠습니다. 통증이 너무나 심해서 일주일 후 귀가할 때에는 구급차에 실려 집에 도착하고서도 대원들이 저를 침대에 눕혀주어야 했습니다. 그래서 믿음의 조상 야곱이

천사와 씨름하다가 환도 뼈가 위골되는 통증 가운데에서도 끝내 축복을 받아내고야 만 사실을 생각하며 그분을 존경하게 되었습니다. 이런 수술들의 후유증 때문이었는지는 모르겠으나 7개월 동안 우울증으로 힘든 나날을 보낸 일이 있었습니다. 그때 저는 여호와께서 타락한 인간에게 하신 말씀이 기억났습니다. "너는 흙이니 흙으로 돌아갈 것이니라"(창 3:19). 개역개정판이 "흙"으로 번역한 원어 *아파르*를 대부분의 서구 역본들은 "티끌"로 그리고 일본신개역 2017은 "땅의 티끌"로 번역했습니다. 이 말씀이 원문으로는 강조적으로 되어 있습니다. 개역개정판이 "너는 흙이라"(*아타 아파르*)로 번역한 본문의 히브리어는 술어가 주어 앞에 놓여 "티끌이라 너는"(*아파르 아타*)이라는 강조형 명사문장으로 되어 있습니다. 그리고 "티끌로 돌아갈 것이니라"도 원래는 동사문장이므로 "너는 돌아갈 것이니라 티끌로"가 되어야 하나 부사구인 "티끌로"를 앞에 놓아 "티끌로 너는 돌아갈 것이니라"라고 강조되었습니다. 이 말씀을 통해 목사인 제가 우울증으로 무기력하여 비참해진 자신의 연약함을 뼈에 새기도록 깨닫게 하신 하나님의 강력한 말씀에 감사를 드렸습니다.

여호와께서 에스겔을 "인자야"라고 부르신 것은 그를 부르셔서 보내시는 분과 부르심을 받은 사람 사이의 대조 곧 창조자와 흙으로 지음 받은 존재, 초월자와 유한자의 대조를 보여 줍니다. 사역자는 너무나 나약하고 부족하고 무익한 존재입니다. 21세기 찬송가에는 스몰(J.G.Small, "작은 자")이라는 성을 가진 작사자가 있습니다(찬송가 90장 "주 예수 내가 알기 전"). 그러므로 "바울"이라는 이름을 스몰레스트 씨(Smallest, "가장 작은 자보다 더 작은 자" -고전 15:9; 엡 3:8)로 그리고 "인자"인 에스겔도 *위크* 씨(Weak, "약한 자")로 부를 수 있겠습니다. 에스겔의 고백을 들어봅시다. "이에 내가 델아빕에 이르러 그 사로잡힌 백성 곧 그발 강가에 거주하는 자들에게 나아가 그 중에서 두려워 떨며 칠일을 지내니라"(3:15). 그런데 이렇게 두려워 떠는 연약한 자인 에스겔의 이름의 뜻이 "하나님이 강하게(*하자크*) 하신다"이니 참으로 감격스럽습니다. 여호와께서 특히 에스겔을 "인자야"라고 부르신 것이 바로 오늘날의 우리에게 들려주시는 주님의 자애로운 음성으로 받아들여야 합니다. 훌륭한 많은 사역자들이 특히 사역이 왕성한 시기에 초지일관하지 못하고 실족한 데에는 그분들이 바로 이 점을 놓쳤기 때문이 아니겠습니까? 참으로 두렵습니다.

오늘 읽은 본문인 2:9-10을 보면 그가 맡은 사역 현장을 알리는 두루마리 책의 안팎에 애가와 애곡과 재앙의 말이 가득하게 기록되어 있습니다. 그가 일하는 현장이 이토록 난공불락의 성채와 같다는 것입니다. 그가 이국땅에서 5년이라는 짧지 않은 고난의 시기를 겪고 사역을 하게 되는데 자기 눈에 기뻐하는(24:16) 그 누구보다 필요했던 동반자요 동역자인 아내마저 잃게 되었습니다. 가정문제 전문가의 말에 의하면 인간이 가장 큰 충격을 받는 것이 배우자와 사별할 때라고 합니다. 더욱이 약 10년 후에는 설상가상으로 예루살렘이 함락되었다는 소식까지 접하게 됩니다. 완전히 절망적인 그런 상황에서 그가 사역을 감당하게 되었다는 것입니다. 자신의 고백처럼 "가시와 찔레와 함께 있으며 전갈 가운데에 거주"(2:6)해야 하는 것이 그의 일터의 토양이었습니다. 그뿐만 아니라 그의 청중으로부터도 그는 음악을 잘하는 사람이며 고운 음성으로 사랑의 노래나 부르는 사람이라는 푸대접도 받게 되었습니다. 그리고 그가 말씀을 전할 때마다 백성들은 그가 전하는 묵시는 사라질 것이고, 여러 날 후의 일이고, 멀리 있는 때에 대한 것에 불과하다고 하며 비아냥거렸습니다(12:27). 그런데 3:5-6에 의하면 놀랍게도 이 청중이 다름이 아닌 이스라엘 족속이었다고 합니다.

에스겔 3:5-6 "5너를 언어가 다르거나 말이 어려운 백성에게 보내는 것이 아니요 이스라엘 족속에게 보내는 것이라 6너를 언어가 다르거나 말이 어려워 네가 그들의 말을 알아 듣지 못할 나라들에게 보내는 것이 아니니라 내가 너를 그들에게 보냈다면 그들은 정녕 네 말을 들었으리라"

본문에서 "정녕"("기꺼이" -루터)은 원문에 강조를 위해 첨가한 3인칭 복수 대명사 "그들"을 개역개정판이 잘 풀이한 것입니다. 이는 여호와의 애타는 마음을 여실히 드러내 줍니다. 여호와의 말씀을 듣지 않은 에스겔 당시의 사람들 역시 절망과 좌절 가운데에 사는 약한 존재들이었는데 이를 33:10이 잘 대변해줍니다. 개역개정판은 이렇게 번역했습니다.

에스겔 33:10 "… 너희가 말하여 이르되 우리의 허물과 죄가 이미 우리에게 있어 우리로 그 가운데에서 쇠퇴하게 하니 어찌 능히 살리요"

"그 가운데서(밤)"를 새국제역과 영어표준역은 "그것들 때문에"로 번역하였습니다. "… 정말로 우리의 허물과 죄가 우리에게 있어 우리가 그것들 때문에 쇠퇴하니 …"(영어표준역). 원문에서는 이 문구를 앞머리에 위치시켜 강조함으로써 그들의 신앙상태를 잘 대변해줍니다. 여호와께서는 37:11하에서 "그들이 이르기를 우리의 뼈들이 말랐고 우리의 소망이 없어졌으니 우리는 다 멸절되었다 하니라"라고 에스겔에게 알려주셨습니다.

선민의 참된 삶의 모습

그러면 포로민이 된 이스라엘 족속은 그렇다 치고 본국에 있는 그들은 어떠했습니까? 에스겔이 영의 인도를 받아 성전에 가보니 우상이 꽉 차 있었고 제사장들은 그것들을 숭배했습니다. 그리고 본국에 있는 사람들은 임금과 귀족들이 포로로 끌려갔음에도 불구하고 애통하며 회개하지 않고 오히려 자신들이 본국에 남아 있으니 좋은 무화과나무인 반면에 저 사람들은 나쁜 무화과나무라고 하며 자만했습니다. 그러나 여호와께서는 오히려 본국에 있는 그들이 아무것도 제조할 수 없어 아무 소용이 없는 포도나무와 같고(15:1-8), 그들의 근본과 난 땅은 가나안이요 그들의 아버지는 아모리 사람이요 그들의 어머니는 헷 사람이라고 하셨습니다(16:3). 그리고 그들의 반역된 모습은 "우리가 이방인 곧 여러 나라 족속 같이 되어서 목석을 경배하리라"(20:32. 역시 1-31 참조)라는 망언에서 잘 드러납니다. 소위 선민이라고 자칭하는 저들의 이러한 모습을 우리는 타산지석으로 삼아야 하겠습니다.

앞으로 여러분이 사역할 한국의 목회지의 모습은 어떠합니까? 저는 이민 교회를 많이 방문하였습니다. LA에서 오신 어느 목사님이 설교 중에 이런 말씀을 했습니다. "평신도보다는 목사의 죄가 더 크고, 목사 중에도 해외 목회자의 죄가 더 큰데 그 중에서도 LA목회자의 죄가 제일 큽니다." 이것은 오늘날 목회자의 잘못에 대한 그분의 겸손한 표현입니다. 여하간 여러분이 앞으로 나가서 사역할 현장의 영적 토양은 만만치가 않습니다. 무디(D. L. Moody) 선생이 이런 말을 하셨답니다. "사탄은 우리들이 하나님을 진실로 섬기거나 참되게 섬기지만 않는다면 그 외의 것은 무엇이든 섬기는 것을 환영한다"는 것입니다. 핵심을 잘 찔렀지요. 사탄은 하나님 한 분만을 섬기는 일을 제외한다면 그 외의 것은 무엇이든 아무리 성스러운 것일지라도 즉 성경이나 십자가상이나 교회까지도 우리가 섬기는 것을 환영한다는 말입니다. 우리가 귀 기울여 들어야 할 말입니다. 제가 늘 강조하는 말이 있습니다. 오늘날 우리는 교회와 교역자들이 다 부패하였다고 하는 말을 종종 듣습니다. 그러나 그렇게 말하는 것은 잘못입니다. 자신을 드러내지 않고 주님만 높이려고 애쓰는, 주님께서 기뻐하시는 모범적 교회와 목회자들이 있습니다. 그래서 저는 '하나님, 경건한 종들의 기도를 들어주시고 그들을 사용하여 주시옵소서'라고 기도를 드리곤 합니다. 주님은 그러한 사역자들을 통해서 일하십니다.

에스겔 당시에 바벨론에 사는 유대인들은 시간이 지날수록 모세오경을 활발하게 연구하였고, 정치적으로 출세하거나 경제적으로도 어느 정도 나은 삶을 살았다고 말할 수 있습니다. 하지만 선민에게 있어서 참된 삶(하이)이란 무엇인가를 에스겔서에서 잘 보여줍니다. 구약에 하이라는 단어가 약 200회 나타나는데 에스겔서에 43회 곧 1/5이나 사용되었습니다. 선민

의 참된 삶이란 다름이 아닌 하나님의 백성으로서 하나님을
올바로 섬기며 사는 것이 *하이*라는 것입니다. 그들은 선민이
었으나 하나님께서 특별한 뜻이 계셔서 그들을 바벨론 포로가
되게 하셨고, 그들 가운데에서 선택한 남은 자들을 본국에 보
내 제2성전을 재건하실 계획이 있으셨는데도 그들은 영안(靈
眼)이 어두워 이를 헤아리지 못했습니다. 그들 중에 있던 어른
들도 예외는 아니었습니다. 이는 하나님을 신뢰하는 선민답지
않은 근시안적 자세이었습니다.

우리가 에스겔의 위치에 있었다고 가정해 봅시다. 우리도
은혜로 말미암지 않고는 "하나님, 왜 본국에 있는 성전에서 섬
기며 제사장 사역을 하게 하지 않고 이런 곳에서 생을 허무하
게 보내게 하십니까"라고 불평했을 것입니다. 우리는 주님을
위해 사역을 한다고 하지만 예수님께서 공생애 시초에 사탄에
게 받으신 시험들을 이기신 것처럼 우리도 그것들을 이겨야합
니다. '주님의 뜻대로 하옵소서'라고 하면서도 우리는 좋은 사
역지, 앞날이 보장되는 사역인지를 따져서 자신의 편리를 도
모하기 쉽습니다. 저는 신학생들에게 종종 이런 권면을 합니
다. '제일 모시기 어려운 목사님 밑에 가서 사역하세요'. 주님
께 하듯 그분을 충성스럽게 섬기면 주님께서 틀림없이 그 목
사님을 통해 앞길을 열어 주실 것이라고 확신합니다. 그런 목
사님 밑에서 진정한 섬김의 도를 배우는 것입니다. 그 목사님
밑에서 받는 신앙적, 실천적 훈련은 말할 수 없이 귀한 경험이

될 것입니다. 에스겔에게도 역시 모두가 거부하는 포로민 생활을 하며 그들과 동고동락하는 것이 얼마나 중요한 목회실습의 기회였겠습니까? 이러한 동질성이 사역자에게 요청됩니다. 하나님께서도 우리를 구원하시기 위해 도성인신을 하시고 로마 통치하에서 천대 받는 유대인으로, 게다가 천한 직업으로 취급되는 목수의 아들로 말구유에 태어나셨습니다. 이렇게 생각할 때에 선지자인 동시에 제사장 계통이기도 한 에스겔이야말로 포로민들에게 하나님의 말씀을 전할 적임자였다고 말하고 싶습니다.

우리는 주님의 사역을 세상의 일처럼 적당히 하면 되는 것이 아니라는 사실을 잘 알고 있습니다. 신학교를 졸업하고 건물 지하에서 개척 교회를 시작한 어느 목사님의 고백이 기억납니다. 그때는 진정으로 주님을 의지하며 "주님, 저를 도와주셔야 하겠습니다"라고 간절히 부르짖게 되었다고 합니다. 처음에는 사모가 유일한 교인으로 앞자리에 앉았고 자신은 설교를 했는데 솔직히 하나님의 말씀을 전하는 일보다는 출입문에만 관심이 있었다고 합니다. 첫 주일에 어떤 사람이 문을 여는 소리에 시선이 집중되었으나 "아무도 없네!"라고 하며 문을 닫고 사라져 실망이 너무나 컸다고 합니다. 또 한 번은 비가 내리는 어느 주일에 술주정뱅이가 들어왔는데 그분을 하나님께서 보내주셨다고 여겨 귀하게 맞이하여 전도해서 그 교회의 첫 신자가 되었다고 합니다. 이 사실이 마을 사람들에게 알려

져 "어느 교회에 가면 좋겠는가"라고 문의하는 사람들을 이 교회로 인도해 주어 교회가 성장하게 되었다고 합니다. 그 목사님이 처음에는 부족한 점이 있었으나 그 후 성도의 중요성을 깨달아 존경을 받는 목회자가 되셨습니다. 바울도 자신의 영광과 면류관은 성도들이라고 고백했습니다. 그는 이방인에게 복음을 전하기에는 자신이 너무나 약하기에 이러한 특수사역자로서 필요한 능력을 터득하는 비밀을 깨달았다고 기뻐하며 주님의 말씀을 아래와 같이 밝혔습니다.

고린도후서 12:9 "… 내 능력이 약한 데서 온전하여짐이라 … 그러므로 도리어 크게 기뻐함으로 나의 여러 약한 것들에 대하여 자랑하리니 이는 그리스도의 능력이 내게 머물게 하려 함이라"

고린도후서 4:7 "우리가 이 보배를 질그릇에 가졌으니 이는 심히 큰 능력은 하나님께 있고 우리에게 있지 아니함을 알게 하려 함이라"

제가 나이가 든 사람으로 한 가지 당부하고자 합니다. 이 노년기에 대해 여러분은 관심이 적을 것 같은데 전에는 저도 마찬가지였습니다. 신학교 일에만 종사하다가 막상 은퇴를 하니 갑작스럽게 100세 시대를 맞이한 것입니다. 그런데 은퇴

후의 생활의 일부는 3개월 후, 6개월 후, 2년 후 등의 병원 날
짜들을 잡아놓고 있는 형편입니다. 하지만 감사하게도 제가
받은 은혜가 한 가지 있습니다. 어린 자녀들이 부모의 집인데
도 마치 자기들이 마련한 집인양 어디 갔다 오면 "엄마, 문 열
어!", "아빠, 문 열어!"라고 하며 당당하게 소리칩니다. 아버지
의 집이 이렇게 좋은 것입니다. 저도 언젠가는 "주님, 문 열어
주십시오. 제가 왔습니다!"라고 아뢸 것을 생각하니 벌써 흥분
하게 됩니다. 이것이 노년기의 축복이라고 말하고 싶습니다.
내가 은혜로 다섯 달란트이든 두 달란트이든 받은 달란트를
잘 남겨서 주님께 바치면 주님께서 얼마나 기뻐하시겠습니까!
우리가 젊을 때에 내가 무엇을 성취한다는 그런 생각에 도취
되어 살지 말고 나는 약한 존재요 주님의 도움이 아니면 아무
것도 할 수 없다는 자세로 충성하다가 마지막 날에 제가 전적
으로 주님의 도우심으로 사역을 잘 마치고 왔습니다라고 고백
할 수 있기 바랍니다. 일생을 그러한 심정으로 주님의 은혜를
힘입어 산다면 100세를 살아도 복되지 않겠습니까? 이렇게
생각하면 여러분의 젊은 시절이 대단히 귀중합니다.

에스겔의 신앙

예수님의 제자 야고보와 요한이 사마리아 사람들이 예수님

을 받아들이지 않을 때 한 말이 생각납니다. "우리가 하늘에서
불을 내리게 해서 다 태워 버릴까요?" 이 말을 들은 예수님은
그들을 꾸짖으셨습니다(눅 9:54). 불신자들을 구원하라는 사명
을 받은 제자들의 입에서 이런 말이 나오다니 그들이 불을 내
리려는 의도뿐만 아니라 방법도 의아스럽습니다. 이것은 주님
의 마음을 헤아리지 못하고 내뱉는 말이었기에 주님은 매우
못마땅해 하셨습니다. 에스겔서에도 여호와의 간절한 마음이
어떠한지를 분명히 알려 주셨습니다.

> 에스겔 18:31-32   "너희는 너희가 범한 모든 죄악을
> 버리고 마음과 영을 새롭게 할지어다 이스라엘 족속아
> 너희가 어찌하여 죽고자 하느냐 … 죽을 자가 죽는 것도
> 내가 기뻐하지 아니하노니 너희는 스스로 돌이키고 살
> 지니라"

> 에스겔 33:11   "… 나의 삶을 두고 맹세하노니 나는 악
> 인이 죽는 것을 기뻐하지 아니하고 악인이 그의 길에서
> 돌이켜 떠나 사는 것을 기뻐하노라 이스라엘 족속아 돌
> 이키고 돌이키라 너희 악한 길에서 떠나라 어찌 죽고자
> 하느냐 하셨다 하라"

에스겔서의 요절이라고도 알려진 본문들에 각각 나타나는

"기뻐하다"(*하페쯔*)라는 동사는 여호와께서 기뻐하시는 바가 무엇인지를 잘 드러내 줍니다. 여호와께서 에스겔을 바벨론 포로민에게 보내신 목적이 여기에 있었다는 것입니다. 주님의 사역자는 주님의 이러한 마음을 지녀야 되는데 이는 자기 힘으로는 전혀 가능하지 않습니다. 주님께서 도와주셔야 비로소 가능합니다. 씨 에스 루이스(C.S.Louis)는 이런 말을 했습니다. "썩은 계란으로는 좋은 오므라이스를 만들 수 없다." 사역자가 되겠다는 사람이 신학생 때부터 썩으면 끝장입니다. 그대로 졸업을 한다면 그가 무엇을 할 수 있겠습니까? 우리가 주님의 일을 한다는 것은 나무의 성장과 같다고 생각합니다. 나무에는 뿌리가 많은데 그것들이 균형을 맞추기가 힘듭니다. 그런데 자신의 유익을 챙기는 뿌리, 사람의 눈치를 보는 뿌리, 자신을 드러내는 뿌리, 부정직한 언행의 뿌리들로부터 진액을 섭취하면 어떤 열매를 맺게 될 것인가를 생각하니 두렵기 그지없습니다. 그러므로 '인자'인 우리 스스로 무엇을 이루어 주님께 바친다는 생각이 얼마나 그릇된 것인가를 깨닫게 됩니다. 우리는 주님의 은혜에 의해서만 사역에 합당한 열매를 주님께 바칠 수 있는 것입니다. 우리는 주님께서 에스겔을 강하게 해주셔서 사역에 결실한 것을 봅니다. 포로민 중에서 남은 자들을 본국에 보내어 제2성전을 건축하고, 앞으로 메시아가 오셔서 자기 몸을 십자가에서 산 제물로 드려 구속사역을 완수하시고 주님의 교회를 세울 것이라는 하나님의 계획하심을 에스겔은 어느 정도 내다볼 수 있었습니다. 그래서 에스겔 11:13에서 그는 "이에 내가 예언할 때에 브나야의 아들 블라댜가 죽기로 내가 엎드려 큰 소리로 부르짖어 이르되 오호라 주 여호와여 이스라엘의 남은 자를 다 멸절하고자 하시나이까"라고 부르짖은 것입니다. 이 지도자가 죽으면 남은 자의 그 약속이 어떻게 되겠습니까? 라는 것입니다.

제가 함께 했던 합신의 초창기를 생각해 봅니다. 자칫 우리 합신은 대단했다고 생각할 수 있을지 모르겠습니다. 후원 교회, 이사회, 교수회, 학우회와 직원 모두 똘똘 뭉쳐서 희생 봉사한 것은 사실입니다. 교수의 개인 집도 은행에 담보로 잡히고, 직원들과 학생들까지도 헌금을 했으니 말입니다. 이 얼마나 대단한 것 같습니까! 하지만 이제 와서 보니 그게 아니라 합신은 너무나 약했습니다. 지금도 우리는 약합니다. 우리를 돕는 큰 교단이나 기업인들이 있었던 것이 아니고, 또한 합신이 세워지는 것을 좋아하지 않는 이들도 있었습니다. 그러나 우리는 여주동행 침묵정진(與主同行 沈默精進) 했습니다. 학생들을 뽑을 때 그들의 등록금으로 학교를 운영하려고 한 것이 아니었습니다. 무감독 시험제도는 학생들을 하나님의 부름을 받은 종으로 귀하게 여기며 인격적으로 대하는 것입니다. 재학생들도 많은 국내외 후원자들과 선배들의 후원으로 공부를 했으니 졸업 후에 자연히 학교의 후원자들이 되는 것을 고맙게 생각합니다. 앞으로도 합신은 주인 되신 주님께서 강하게 해 주셔야 사명을 감당할 수 있다는 에스겔적 신앙이 필요합니다.

박윤선 목사님의 글을 읽다가 하나님의 이름을 헛되이 부르는 것에 대한 말씀을 접했습니다. (1) 믿음이 없는 형식적인 기도 (2) 자기 자신을 높이기 위한 설교 (3) 하나님을 위해 한다고 하면서 직업적으로 움직이는 교역 생활 (4) 형식적 예배 행위 (5) 거룩한 종교적 서약을 지키지 아니함. 역시 박 목사님은 여기에서도 기도의 중요성을 제일 먼저 강조하셨습니다. 그분이 왜 모든 시간은 기도를 위해 있다고 하셨겠습니까? 저는 그분이 그 누구보다도 자신의 연약함을 아셨기 때문이라고 이해합니다. 그래서 그분은 "엘리야는 천성적으로 강한 힘이 있어서 기도한 것이 아니라, 자기의 연약 때문에 하나님의 도우심의 필요를 느껴서 기도하게 된 것이다"라고 말한 적이 있습니다. 그분은 에스겔처럼 하나님이 강하게 해주시지 않으면 자신은 주의 일을 전혀 할 수 없음을 아셔서 기도일관(祈禱一貫) 하셨던 것입니다.

할례 받지 못한 자들의 땅에서 아내와 사별하고도 울어서는 안 되며(24:16) 동족으로부터도 냉대와 배척까지 받은 에스겔의 15년간의 사역을 다루는 에스겔서는 다른 책들과는 달리 이렇게 시작합니다.

에스겔 1:1-3   ¹하늘이 열리며 하나님의 모습이 내게

보이니 … ₃… 에스겔에게 특별히(*하요 하아*) 임하고 여
호와의 권능이 내 위에 있으니라"

3절에서 새 미국표준성경은 "… 에스겔에게 명백히 임하였
다"로 그리고 블록(D. I. Block)은 "… 에스겔에게 직접 임하였
다"라고 번역했습니다. 이는 제3자 혹은 다른 어떤 매개체를
통해서 그에게 말씀이 계시된 것이 아니고 여호와께서 바벨론
포로가 되어 그발 강가에서 포로민과 같이 있는 에스겔에게
친히 임하셔서 말씀하셨다는 것입니다. 자신의 연약함을 깨우
침 받아 여호와를 전적으로 의지하여 고군분투하며 사역하는
사역자 에스겔 곧 신학자들이 구약의 대표적 목회자 중의 하
나로 여기는 그를 하나님께서는 강하게 하셔서 그로 하여금
시대적 사명을 완수하게 해주셨습니다(겔 3:8-9). 에스겔이 여
호와의 종으로써 전혀 살 가망이 없는 마른 뼈들에게 "명령대
로 대언하였더니 생기가 그들에게 들어가매 그들이 곧 살아나
서 일어나 서는데 극히 큰 군대더라"(37:10)라는 이적이 일어
났다고 합니다. 그리고 앞으로는 남과 북으로 나뉘었던 그들이
진정한 이스라엘로 하나가 되고 "내가 한 목자를 그들 위에 세
워 먹이게 하리니 그는 내 종 다윗이라 그가 그들을 먹이고 그
들의 목자가 되리라"(34:23)는 소망의 말씀으로 에스겔을 강하
게 하셨습니다.

제가 경험한 바를 전해드리고 마치겠습니다. 오래 전에 어
느 교역자 세미나에서 '에스겔의 하나님'이라는 주제로 강의를
하게 되었습니다. 저는 많아야 300명 참석할 것으로 예측하
고 단상에 올라 보니 놀랍게도 1,000명 이상의 교역자들이 1
층을 가득 메운 것이 아니겠습니까! 처음으로 제 두 다리가 떨
리는 것을 느꼈습니다. 전에는 성도들이 3층까지 가득 찼어도
평안한 마음으로 설교를 했었는데 말입니다. 그래서 제 강의
순서가 되자 강대상 앞에 서서 잠시 "에스겔의 하나님, 저를
강하게 해주옵소서"라고 간절히 기도를 드리고서야 무난히 강
의를 마칠 수 있었습니다. 늘 설교하던 강단인데도 예측이 빗
나갔다고 해서 이렇게 여지없이 나약해지는 것이 인간임을 뼈
저리게 깨닫게 되었습니다. 그러나 약한 가운데서 주님을 의
지할 수 있다는 사실이 우리의 복입니다. 언제나 자신은 주님
의 도우심이 있어야만 되는 약한 자임을 인정하고, 맡겨진 자
리에서 변함없이 주님을 의지하면서 사는 합신의 사람들이 되
기를 바랍니다.

시편 18:1 "나의 힘(*히즈키*)이 되신 여호와여 내가 주를
사랑하나이다!"

17그가 한 사람을 앞서 보내셨음이여 요셉이 종으로 팔렸도다
18그의 발이 착고에 상하며 그의 몸은 쇠사슬에 매였으니 19곧
여호와의 말씀이 응할 때까지라 그의 말씀이 저를 단련하였도
다(개역개정판).

요셉의 모범적 신앙

요셉에 관한 기록에서는 족장사에서 찾아볼 수 없는 특이한 점들을 발견하게 됩니다. 첫째는 그가 17세의 어린 나이에 친형제들에 의해 이국땅인 애굽으로 노예가 되어 팔려갔다는 것입니다. 독일어 성경(디 굿테 나흐리흐트)의 창세기 37장에는 그가 목에 밧줄이 매인 채 노예로 팔려 가는 장면이 묘사된 삽화가 있는데 형들의 일부는 그를 판 돈을 세는 데에 몰두해 있는가하면, 다른 형들은 벗긴 채색 옷을 휘두르며 환호하고 있었습니다. 둘째로 족장시대에는 여호와께서 족장들에게 꿈이나 '여호와의 사자'를 통해 자신의 뜻을 계시해 주시는 것이 특징이었습니다. 그러나 그러한 현현이 그 어느 족장들보다 더욱 절실히 필요했던 요셉에게는 한 번도 없었다는 것입니다.

그럼에도 불구하고 어린 요셉이 좌절하지 않은 비결은 어디에 있었겠습니까? 애굽에 있는 요셉의 이야기에서 누누이 강조된 "여호와께서 그와 함께 하셨다"(창 39:2,3,5, 21,23)는 말씀이 그 해답을 제공해줍니다. 성경말씀은 시편 105:17에서 "그가 한 사람을 앞서 보냈음"이라고 우리에게 진술함으로써 요셉이 여호와로부터 특수 임무를 띠고 애굽으로 파견되었음을 시사해줍니다. 그리고 그에게는 여호와의 언약의 말씀을 믿는 굳건한 신앙을 선물로 주셨음을 알 수 있습니다. 하지만 애굽의 노예가 된 어린 요셉에게 있어서 부모님에 대한 그리움 그리고 무엇보다도 형들을 통해 받은 상처는 어린 그를 파멸시킬 수도 있었을 것입니다. 만주에서 태어난 저는 어렸을 때 부모님을 떠나 서울에 와서 살아본 경험이 있습니다. 그러므로 요셉이 부모님을 얼마나 그리워했을까를 어느 정도 이해할 수 있습니다. 해방 후 만주에 머물던 한국 사람들의 일부는 북한으로 가고 또 다른 일부는 천진에 집결한 후 한국정부가 제공한 선편을 이용하여 인천항으로 귀국하였습니다. 그러나 만주에서 40년간 일하시다가 교장직에서 은퇴하신 아버지와 어머니는 귀국하실 용기가 없으셔서 저를 먼저 서울에 사시는 고모님 댁으로 보내고 천진에 머물러 계셨습니다. 중학교 1학년이었던 저는 서울에 온 후 부모님이 그리워 의기소침하여 울 때가 많았습니다. 하나뿐인 아들을 서울로 보낸 부모님의 심정은 어떠하셨겠습니까? 요셉과 부모님의 마음도 아픔에 사로잡혔을 것입니다. 더욱이 요셉이 죽었다는 아들들의 거짓

말로 인해 요셉이 죽은 줄 알고 있던 야곱이 보인 반응에서 그의 마음 상태를 짐작할 수 있습니다. 창세기 37:34-35에서 다음과 같이 기록하고 있습니다.

> 창세기 37:34-35 "34자기 옷을 찢고 굵은 베로 허리를 묶고 오래도록 그의 아들을 위하여 애통하니 35그의 모든 자녀가 위로하되 그가 그 위로를 받지 아니하여 이르되 내가 슬퍼하며 스올로 내려가 아들에게로 가리라 하고 그의 아버지가 그를 위하여 울었더라"

저의 아버지가 소천하신 후 어머니는 만주에서 낳은 열 자녀 중에서 하나도 아닌 아홉을 여의고도 믿음에 굳게 서서 혼자 남은 저를 키워주신 신앙의 용사이셨습니다. 그러하신 어머니가 소천 하셔서 하관예배를 드린 후에 발생한 일이 기억납니다. 그때 저도 어머니와 같이 가겠다고 하여 잠시 소란스러웠습니다. 헨리 비쳐(H.W.Beecher)가 남긴 말이 마음에 와 닿습니다.

> "죽은 자가 떠났기 때문이 아니라 자신들이 죽은 자와 함께 떠나지 못하고 남아있었기 때문에 뒤에 남아서 떠난 자의 죽음을 애곡하는 자들"

모든 일이 형통할 때에는 신앙생활이 쉬우나, 극심한 역경에서는 쉽지 않은 법입니다. 그런데도 애굽에서의 요셉의 자세에는 흐트러짐이 없었습니다. 십대 소년인 요셉! 이국땅에서 그의 눈에 보이는 이적이 없었고, 귀에 들리는 영음(靈音)이 없었어도 오직 하나님의 말씀만을 믿고 노예생활 속에서의 연단을 잘 통과하였는데 그의 두 아들의 이름이 이를 잘 드러내 줍니다. 이 모두 여호와께서 그와 함께 하신 결과이었습니다.

> **창세기 41:51-52** "51요셉이 그의 장남의 이름을 므낫세라 하였으니 하나님이 내게 내 모든 고난과 내 아버지의 온 집 일을 잊어버리게 하셨다 함이요 52차남의 이름을 에브라임이라 하였으니 하나님이 나를 내가 수고한 땅에서 번성하게 하셨다 함이었더라"

그에게 좌절감, 억울함, 분통함 그리고 형들에 대한 원한 등이 있었을 법하지만 그는 이 모두를 극복하였다고 합니다. 애굽에서 잠시 형통할 때에는 그가 여호와의 은혜로운 손길을 느끼기 쉬웠을 것입니다. 그런데 억울한 누명을 쓰고 곤경에 빠졌을 때에도 그가 신앙을 굳게 지킬 수가 있었던 것은 시편 119:105의 말씀과 같이 "주의 말씀은 내 발에 등이요 내 길에 빛"이었기 때문이었습니다. 베드로전서 2:12 이하의 말씀이 요셉의 마음가짐을 이해하는 데에 도움이 됩니다.

베드로전서 2:12 이하 "₁₂너희가 이방인 중에서 행실을 선하게 가져 너희를 악행한다고 비방하는 자들로 하여금 너희 선한 일을 보고 오시는 날에 하나님께 영광을 돌리게 하려 함이라 … ₁₈사환들아 범사에 두려워함으로 주인들에게 순종하되 선하고 관용하는 자들에게만 아니라 또한 까다로운 자들에게도 그리하라 ₁₉부당하게 고난을 받아도 하나님을 생각함으로 슬픔을 참으면 이는 아름다우나 ₂₀죄가 있어 매를 맞고 참으면 무슨 칭찬이 있으리요 그러나 선을 행함으로 고난을 받고 참으면 이는 하나님 앞에 아름다우니라 ₂₁이를 위하여 너희가 부르심을 받았으니 그리스도도 너희를 위하여 고난을 받으사 너희에게 본을 끼쳐 그 자취를 따라오게 하려 하셨느니라"

요셉은 이국땅에 머무는 동안 여호와께서 허락하신 꿈을 소중히 간직하며 기억하고 있었던 비전이 있는 젊은이였습니다(창 42:9 "요셉이 그들에 대하여 꾼 꿈을 생각하고"). 본문에서 원문은 동사 "기억하다"(*자카르*)를 사용하였는데 이는 그가 마음 깊이 간직하였던 그 꿈이 원동력이 되어 그 꿈을 실현할 수 있었음을 나타내줍니다. 그 꿈에 대한 자신의 확신(창 37:5,6,9),

형제들의 민감한 반응(37: 8,20), 부모님의 기대(37:11 "[그러나] 그의 아버지는 그 말을 간직해 두었더라". 원문은 주어 "그의 아버지"가 도치되어 강조됨), 이 모두가 그 꿈이 족장 아브람에게 주신 언약(창 15:1-7)에 대한 계시적 예언적 성격을 띤 것임을 보여 줍니다. 시편 105:19상의 "그의 말씀"(다바르. 개역개정판)을 표준새번역개정판은 "그의 예언"으로 그리고 19절하의 "말씀"(이므라. 개역개정판)은 "약속"으로 모팟역(J.Moffatt)이 번역 하였습니다. 이 약속에 대한 요셉의 확신은 그의 임종에서도 여실히 드러났습니다.

> **창세기 50:24-25** "24요셉이 그의 형제에게 이르되 나는 죽을 것이나 하나님이 당신들을 돌보시고 당신들을 이 땅에서 인도하여 내사 아브라함과 이삭과 야곱에게 맹 세하신 땅에 이르게 하시리라 하고 25요셉이 또 이스라 엘 자손에게 맹세시켜 이르기를 하나님이 반드시 당신 들을 돌보시리니 당신들은 여기서 내 해골을 메고 올라 가겠다 하라 하였더라"

요셉은 24절하에서는 주어인 "하나님"을 문장 앞머리에 놓아 강조하였고, 24-25절에서는 동사 "돌보다"를 "반드시 돌보신다"라고 강조하여 말하였습니다. 여호와께서 허락하신 꿈에 대한 요셉의 이해는 참으로 놀랍습니다. 그는 바로의 시위대장의 집에서의 성공(창 39:4), 시위대장의 집 감옥에서의 교도관 대행(창 40:4), 그리고 30세에 국무총리가 된 일 등을 그 꿈의 실현으로 여기지 않았습니다(41: 40-45). 오히려 그는 그 꿈이 어느 때에, 어떻게 성취될 것인가에 대해 늘 기도하며 기대와 인내로 살아갔다고 이해됩니다. 그에게는 자신의 유익이나 출세 그리고 성공이라는 차원을 넘어 하나님의 뜻을 이루어드리기를 소원하는 고상한 동기가 있었습니다. 더군다나 집을 떠난 지 22년 후인 39세 때에 형들이 그의 앞에서 무릎을 꿇은 사실 그 자체마저 그에게는 그 꿈의 궁극적 성취가 될 수는 없었던 것입니다. 드디어 하나님께서 생명을 구원하시기 위해 자신을 앞서 보내신 것을 그가 깨닫고서야 비로소 그 꿈이 진정으로 성취되었다는 희열을 체험할 수 있었습니다.

창세기 45:5-8 "⁵당신들이 나를 이 곳에 팔았다고 해서 근심하지 마소서 한탄하지 마소서 하나님이 생명을 구원하시려고 나를 당신들보다 먼저 보내셨나이다 … ⁷하나님이 큰 구원으로 당신들의 생명을 보존하고 당신들의 후손을 세상에 두시려고 나를 당신들보다 먼저 보내셨나니 ⁸그런즉 나를 이리로 보낸 이는 당신들이 아니요 하나님이시라 …"

창세기 50:20 "당신들은 나를 해하려 하였으나 하나님

은 그것을 선으로 바꾸사 오늘과 같이 많은 백성의 생명
을 구원하게 하시려 하셨나니"

　원문에서는 45:5하에서 "생명을 구원하시려고"를 동사 앞
에 두어 강조하였습니다. 7절 전반은 원문을 따라 "하나님이
이 땅에 당신들을 위해 남은 자를 보존하시려고 나를 당신들
보다 먼저 보내시고"라고 번역하는 것이 좋겠습니다. 이제 우
리는 본문에 나타난 '남은 자 사상'의 중요성을 깨닫게 됩니다
(암 5:15 "혹시 요셉의 남은 자를 불쌍히 여기시리라" 참조). 여기에
서 "남은 자"(쉐에리트)와 "구원"(펠리따)이 대구법적으로 사용
되었습니다. 창세기 50:20 전반에서는 "당신들"이라는 2인칭
남성복수 대명사를 첨가하여 "과연 당신들이 생각하였으나"라
고 강조되었고 20절 후반에서는 주어 "하나님"이 동사 앞에
놓여 하나님의 자비로우신 섭리를 역설하고 있습니다.
　우리는 요셉의 일생을 더듬어 볼 때 그에게 발생한 일련의
사건들이 결코 이스라엘의 한 족장의 가정적 치부(恥部)가 백
일하에 드러났다거나 그 가정이 뜻밖의 변을 당했다고 그리고
요셉에게는 고진감내(苦盡甘來)였다고 여길 수 없도록 성경말
씀은 시편 105:17에서 "그가 한 사람을 앞서 보내셨음"이라
고 우리에게 밝혀줍니다. 물론 족장 야곱이나 요셉도 처음에
는 "그가 한 사람을 (그들의[원문]) 앞서 보내셨다(샬라흐)"라는
여호와의 심오하신 섭리를 전혀 알 길이 없었을 것입니다. 그

러나 놀라운 사실은 야곱은 요셉이 죽었다는 소식을 듣고 말할 수 없이 슬퍼하면서도 자신이 "가서 네 형들과 양 떼가 다 잘 있는지를 보고 돌아와 내게 말하라"(창 37:14)라고 하며 요셉을 그의 형들에게 보낸(샬라흐) 사실에 대해 전혀 후회하는 기색이 없었다는 점입니다. 또한 놀랍게도 요셉 역시 애굽에서의 노예생활 중에서 한 번도 아버지가 자신을 형들에게 보낸 사실에 대해 원망한 일이 없었습니다. 요셉이 나중에야 여호와께서 자신을 애굽으로 보내신 구속사적 계획을 깨닫게 되었습니다. 이 일련의 사건들에서 우리는 여호와께로부터 말미암은 "보냄"(샬라흐)의 동기(motif)를 야곱이 요셉을 형들에게 보냄(37:13); 아들들을 보냄(42:2 "[내려]가라"와 4절 "베냐민은 … 보내지 아니하였으니" 참조); 요셉이 3회 되풀이함(45:5,7,8) 등에서 엿볼 수 있습니다.

> **창세기 45:5-8** "5당신들이 나를 이 곳에 팔았다고 해서 근심하지 마소서 한탄하지 마소서 하나님이 생명을 구원하시려고 나를 당신들 보다 먼저 보내셨나이다 … 7하나님이 큰 구원으로 당신들의 생명을 보존하고 당신들의 후손을 세상에 두시려고 나를 당신들보다 먼저 보내셨나니 8그런즉 나를 이리로 보낸 이는 당신들이 아니요 하나님이시라 …"

요셉의 이 고백에서 우리는 여호와께서 아브람과 세우신 언약을 요셉의 신앙적 순종을 통해 성취하심을 깨닫게 됩니다.

창세기 15:13-14 "13여호와께서 아브람에게 이르시되 너는 반드시 알라 네 자손이 이방에서 객이 되어 그들을 섬기겠고 그들은 사백 년 동안 네 자손을 괴롭히리니 14 그들이 섬기는 나라를 내가 징벌할지며 그 후에 네 자손이 큰 재물을 이끌고 나오리라"

요셉은 예수 그리스도의 예표적 존재이었다고 말할 수 있습니다. 이것은 하나님의 뜻을 이루어 드리려고 요셉이 품은 참으로 고귀하고 원대한 꿈에서 찾아볼 수 있습니다. 만일 그의 형제들이 기근으로 죽던지 요셉의 보복에 의해 살해되었더라면 이스라엘의 역사는 어찌되었겠습니까? 학생 시절에 본 영화 한 편이 기억이 납니다. 원한이 깊이 사무친 피해자와 가해자 두 사람이 피할 길이 없는 외나무다리에서 마주쳤는데, 피해자의 권총에는 총알이 하나뿐이었습니다. 그런데 피해자에게 견딜 수 없는 증오심을 격동시킨 것은 피해자의 전적 신뢰를 받던 심복이 가해자의 편에 서 있는 것이었습니다. 숨을 죽인 관람객 모두의 관심은 피해자가 하나뿐인 그 총알로 누구를 살해할 것인가에 쏠려 있었습니다. '탕' 소리가 나는 순간

쓰러진 대상은 불구대천의 원수가 아닌 배신자이었습니다! 이
제 요셉에게는 보디발의 아내와 형들 중의 그 누구를 타격의
대상으로 선택할 것인가의 갈림길에 선 것 같이 여겨집니다.
일반적으로 생각하면 자신에게 억울한 누명을 씌워 말할 수
없는 고난을 겪게 한 보디발의 아내보다는 어린 자신을 그것
도 다른 사람들이 아닌 친 형들이 죽이려고까지 했던 것을 떠
올리며 그들에게 복수를 해도 분이 풀리지 않았을 것입니다.
그러나 요셉은 하나님을 경외하는 인물이었습니다(창 39:9 "내
가 어찌 이 큰 악을 행하여 하나님께 죄를 지으리이까"). 따라서 그
는 이제 이 문제를 사사로운 감정이 아닌 여호와의 "말씀"의
메신저(시 105:19)로서 해결하게 된 것입니다. 심오한 꿈의 뜻
을 깨달은 요셉에게 있어서 이제 형들은 복수의 대상이 아니
라 오히려 하나님의 나라 확장에 없어서는 안 될 귀한 동역자
들로 여겨졌던 것입니다! 하나님께서는 그의 애굽 생활의 모
든 일에 함께 해 주시고 바로의 꿈을 해석하는 능력과 또한 형
제들과의 관계를 회복하고 화목하게 하는 지혜까지 주셨던 것
입니다. 다윗이 자신을 살해하려고 혈안이 된 사울이 두려워
엔게디 굴에 피신하였을 때에 사울이 제 발로 그 앞에 걸어 들
어온 일이 있었습니다. 다윗의 사람들은 즉시 "보소서 여호와
께서 당신에게 이르시기를 내가 원수를 네 손에 넘기리니 네
생각에 좋은 대로 그에게 행하라 하시더니 이것이 그날이니이
다"(삼상 24:4)라고 하며 그를 살해할 것을 독촉하였습니다. 다

윗도 이러한 기회는 다시 오지 않을 것이므로 절대로 놓쳐서
는 안 된다고 생각할 만하였습니다. 그래서 다윗 자신도 10절
에서 "오늘 여호와께서 굴에서 왕을 내 손에 넘기신 것을 왕이
아셨을 것이니이다"라는 표현을 한 것입니다. 그러나 그는 "내
가 손을 들어 여호와의 기름 부음을 받은 내 주를 치는 것은
여호와께서 금하시는 것이니 그는 여호와의 기름 부음을 받은
자가 됨이니라 하고" 하나님의 뜻에 순종하여 원수를 갚지 않
고 사울을 살려주었습니다. 예수님께서도 백성들이 와서 자기
를 억지로 붙들어 임금으로 삼으려는 줄을 아시고 그들을 떠
나가셨습니다(요 6:15). 그리고 그는 "내 나라는 이 세상에 속
한 것이 아니니라"(요 18:36)라고 빌라도에게 선포하시고 오히
려 죽은 영혼을 구원하시는 십자가의 길을 택하시어 자신을
보내신 이의 뜻을 이루셨습니다. 따라서 요셉의 일생은 "누구
든지 나를 따라오려거든 자기를 부인하고 자기 십자가를 지고
나를 따를 것이니라"(마 16:24)라고 하신 예수님의 말씀을 따른
일생이었다고 말할 수 있습니다. 이것이 오늘날 우리가 본받
아야 할 귀한 교훈입니다.

빌립보 3:12-14 "내가 이미 얻었다 함도 아니요 온전

히 이루었다 함도 아니라 오직 내가 그리스도 예수께 잡
힌 바 된 그것을 잡으려고 달려가노라 형제들아 나는 아
직 내가 잡은 줄로 여기지 아니하고 오직 한 일 즉 뒤에
있는 것은 잊어버리고 앞에 있는 것을 잡으려고 푯대를
향하여 그리스도 예수 안에서 하나님이 위에서 부르신
부름의 상을 위하여 달려가노라"

이 "부름의 상"은 소명과 묶여 있어서 소명이 주어질 때 그
상이 약속되었고, 그 소명이 이루어질 때 그 상이 주어집니다.
요셉의 소명은 우리의 소명의 표본입니다.

1 솔로몬이 애굽의 왕 바로와 더불어 혼인 관계를 맺어 그의 딸을 맞이하고 다윗 성에 데려다가 두고 자기의 왕궁과 여호와의 성전과 예루살렘 주위의 성의 공사가 끝나기를 기다리니라 2 그 때까지 여호와의 이름을 위하여 성전을 아직 건축하지 아니하였으므로 백성들이 산당에서 제사하며 3 솔로몬이 여호와를 사랑하고 그의 아버지 다윗의 법도를 행하였으나 산당에서 제사하며 분향하더라 4 이에 왕이 제사하러 기브온으로 가니 거기는 산당이 큼이라 솔로몬이 그 제단에 일천 번제를 드렸더니 5 기브온에서 밤에 여호와께서 솔로몬의 꿈에 나타나시니라 하나님이 이르시되 내가 네게 무엇을 줄꼬 너는 구하라 6 솔로몬이 이르되 주의 종 내 아버지 다윗이 성실과 공의와 정직한 마음으로 주와 함께 주 앞에서 행하므로 주께서 그에게 큰 은혜를 베푸셨고 주께서 또 그를 위하여 이 큰 은혜를 항상 주사 오늘과 같이 그의 자리에 앉을 아들을 그에게 주셨나이다 7 나의 하나님 여호와여 주께서 종으로 종의 아버지 다윗을 대신하여 왕이 되게 하셨사오나 종은 작은 아이라 출입할 줄을 알지 못하고 8 주께서 택하신 백성 가운데 있나이다 그들은 큰 백성이라 수효가 많아서 셀 수도 없고 기록할 수도 없사오니 9 누가 주의 이 많은 백성을 재판할 수 있사오리이까 듣는 마음을 종에게 주사 주의 백성을 재판하여 선악을 분별하게 하옵소서 10 솔로몬이 이것을 구하매 그 말씀이 주의 마음에 든지라 11 이에 하나님이 그에게 이르시되 네가 이것을 구하도다 자기를 위하여 장수하기를 구하지 아니하며 부도 구하지 아니하며 자기 원수의 생명을 멸하기도 구하지 아니하고 오직 송사를 듣고 분별하는 지혜를 구하였으니 12 내가 네 말대로 하여 네게 지혜롭고 총명한 마음을 주노니 네 앞에도 너와 같은 자가 없었거니와 네 뒤에도 너와 같은 자가 일어남이 없으리라 13 내가 또 네가 구하지 아니한 부귀와 영광도 네게 주노니 네 평생에 왕들 중에 너와 같은 자가 없을 것이라 14 네가 만일 네 아버지 다윗이 행함 같이 내 길로 행하며 내 법도와 명령을 지키면 내가 또 네 날을 길게 하리라 15 솔로몬이 깨어 보니 꿈이더라 이에 예루살렘에 이르러 여호와의 언약궤 앞에 서서 번제와 감사의 제물을 드리고 모든 신하들을 위하여 잔치하였더라

우리를 찾아오시는 여호와

본문의 내용은 여러분이 잘 알고 있으며 설교도 많이 들었을 것으로 생각합니다.

오늘 읽은 본문을 보면 1-3절까지는 솔로몬이 왕위에 등극은 하였으나 아직 왕궁 공사뿐만 아니라 성전 건축마저 완공되지 않아 백성들이 산당에서 제사를 드리는 상황에 처했음을 간략하게 소개해줍니다. 그러나 4절 이하에서는 이러한 때에 여호와께서 솔로몬을 찾아오신 내용을 구약성경의 다른 곳에서는 찾아볼 수 없을 정도로 우리에게 상세하게 알려주고 있습니다.

언약의 하나님이 찾아오심

본문을 가지고 설교를 하려고 할 때에 제목을 무엇이라고 해야 좋을지 그리고 본문의 핵심은 무엇인가를 생각해 보았습니다. 우선 개역개정판이 번역한 "일천 번제"라는 표현은 이와 동일한 내용을 다룬 역대하 1:6의 말씀에 의해 솔로몬이 제물 "천 마리"를 드렸다는 것으로 이해됩니다. 공동번역성서와 표준새번역개정판도 제물 "천 마리"를 드렸다고 번역하였습니다. 그리고 솔로몬의 경쟁자이었던 아도니야가 반역을 일으켰을 때의 제사의식 역시도 대단했을 뿐만 아니라 거기에 제사장이 있었고 요압 장군 그리고 솔로몬을 제외한 모든 왕자들이 동석하였다고 합니다. 이 두 인물의 제사의식을 생각할 때에 후자는 자신의 필요를 위해 종교를 이용하는 것일 뿐이지 하나님이 받으실 만한 예배를 드린 것은 아니었습니다. 결국 본문의 핵심은 제사의식에 있지 않다는 것이 3절에서 드러납니다. 3절에서 분명하게 "솔로몬이 여호와를 사랑"하는 인물로서 드린 제사를 여호와께서 받으시고 그에게 나타나셨다고 밝혔기 때문입니다. 솔로몬이 드린 예배자세를 보면 그가 왕위에 오른 그날뿐만 아니라 그 후에 얼마동안 계속적으로 변함없는 믿음의 자세로 제사를 드려온 것을 동사의 미완료형 (*야알레*)을 보아 알 수 있습니다. 따라서 영어표준역은 "솔로몬이 그 제단에 … 드리곤 하였다"(4절)로 번역하였습니다.

특별히 5절에서 "여호와가 솔로몬의 꿈에 나타나셨다"는 것은 다름이 아닌 언약의 하나님 여호와께서 언약을 다윗과 맺는 것으로 그치지 않고 그 언약의 수혜자요 당사자인 솔로몬을 왕으로 세우시고 찾아주셔서 재확인해 주셨다는 감격스러운 말씀입니다. 따라서 "우리를 찾아오시는 여호와"라고 제목을 정하여 받은 은혜를 나누고자 합니다. 우리가 잘 아는 사무엘하 7:12 이하에서 다윗에게 언약하신 여호와의 말씀이 있습니다.

사무엘하 7:12-14 "12··· 내가 네 몸에서 날 네 씨를 네 뒤에 세워 그의 나라를 견고하게 하리라 13그는 내 이름을 위하여 집을 건축할 것이요 나는 그의 나라 왕위를 영원히 견고하게 하리라 14나는 그에게 아버지가 되고 그는 내게 아들이 되리니 ···"

13절의 "그는 집을 건축할 것이요"와 14절의 "나는 ··· 되리니"에서 각각 주어인 "그"와 "나"에 3인칭 대명사와 1인칭 대명사를 첨가하여 강조하셨습니다(13절 "바로 그가 ···" -표준새번역개정판; 14절 "내가 친히 ···" -공동번역성서). 이 얼마나 감사하며 감격스러운 찾아오심입니까! 여호와께서는 이때뿐만 아니라 족장시대의 우리 열조들에게 약속을 하신 후에 이렇게 찾아주셨습니다. 살아계신 여호와께서 지금도 언약 백성인 우리를 찾아주십니다.

사실 하나님의 임재하심이라는 문제는 특히 우리가 말씀을 전하고 들을 때에 있어서 영적으로 사활적인 문제라고 하여도 과언이 아닐 것입니다. 엘리야가 쌓은 제단에 응답의 불이 내린 일을 회상해 보았습니다. 그래서 이번에 설교를 준비하면서 어린 아이처럼 "하나님, 내일 설교시간에 우리를 찾아오실 것이지요? 라고 기도를 드렸습니다. 한 번 생각해 봅시다. 하나님이 임재하시지 않는 곳에서 예배 의식이 대단한들 무슨 쓸 데가 있겠습니까? 이와는 정반대로, 주님이 우리의 예배를 받으셔서 우리가 주님 앞에서 모든 죄를 용서함 받고, 새로운 힘을 얻고 그리고 풍족한 은혜를 받고 있다고 합시다! 이렇게 될 때에 이러한 예배로 인해 예배자들이 변화가 되니 성도들의 생활뿐만 아니라 제직회가 달라질 것이고 당회가 달라질 것이고 교회가 새롭게 될 것입니다. 합신의 채플도 마찬가지일 것입니다. 이 시간에 주님께서 우리와 함께 계신다는 믿음으로 말씀을 경청하기를 바랍니다.

우리를 찾아오시는 하나님에 대해 곰곰이 생각해 보았습니다. 예를 들어 자녀들이 유학을 갔다고 가정합시다. 부모가 아무 연락도 없이 느닷없이 그들에게 가서 '너희를 만나려고 내가 왔다'라고 할 수 있겠습니까? 그럴 수가 없지요! 항상 그들이 그리워서 그들을 위해 기도하며 전자 우편과 편지를 보내든지 수시로 전화해 '건강하냐 공부는 잘 진행되냐 필요한 것이 있느냐' 등등 관심을 보이다가 실제로 가서 만날 것이 아니겠습니까? 하나님이 우리를 찾아오심도 우리를 구원해주시고 우리를 자녀로 삼아 주신 아버지로서 그동안 보호하시고 인도하시면서 늘 마음에 품고 계시다가 일정한 때에 찾아오시는 것입니다. 그런데 문제는 우리가 그 하나님을 만날 준비가 되어 있느냐 하는 것입니다. 오래 전에 제가 속했던 교회의 부목사님 한 분이 선교사로 해외로 떠나게 되어 담임 목사님과 선교부 회원들이 공항에서 송별예배를 드린 일이 있었습니다. 축도 후에 목사님이 저의 어머니에게 인사를 드리려고 저의 집에 들르시겠다고 말씀을 하셨습니다. 저는 너무나 당황하여 선교사님께 작별인사도 제대로 드리지 못하고 급히 집으로 향했지요. 집에 와서 보니 목사님이 아직 도착하지 않으셔서 안도의 숨을 쉬며 서둘러 어머니 방을 깨끗이 정리한 후에 목사님을 맞이할 수 있었습니다. 목사님을 맞이할 준비가 되어있지 않았던 것입니다! 그때 저를 찾아오시는 주님을 기쁨으로 맞이할 준비가 되어있는가라고 자문하며 자신의 영적 상태를 점검하는 좋은 계기가 되었습니다.

그런데 3절에서는 여호와께서 찾아오시기 전의 솔로몬에 대해 이렇게 묘사하고 있습니다. "솔로몬이 여호와를 사랑하고 그의 아버지 다윗의 법도를 행하였으나 산당에서 제사하며 분향하더라"(개역개정판). 루터는 본문 앞머리에 위치한 접속사(원문)를 "솔로몬은 그러나 …"로 번역하였습니다. 그리고 불어 현대인의 성경은 본문을 아래와 같이 번역하였습니다. "솔로몬은 그의 아버지 다윗이 그에게 당부한 바를 행함으로써 하나님께 대한 그의 사랑을 나타냈다." 그리고 새영어번역 성경은 "솔로몬은 그의 아버지의 행실을 따름으로써 … 나타냈다"로 옮겼습니다. 솔로몬은 "주의(your) 종 다윗이 성실과 공의와 정직한 마음으로 주와 함께 주 앞에서 행하므로"라로 고백한 것은 그가 여호와께서 네 부모를 공경하라는 계명을 성실히 지켰음을 시사합니다. 이는 다윗의 다른 아들들이 아버지에 대해 보여준 불효자적 태도와는 너무나 상반됩니다. 지상에 완전한 부모는 존재하지 않습니다. 성경은 다윗이 "우리아의 일 외에는 평생에 여호와 보시기에 정직하고"(왕상 15:5), "하나님의 마음에 맞는"(행 13:21-23) 인물이었다고 우리에게 알려줍니다. 육신의 부모를 공경하지 않으며 윗사람을 존경하지 않으며 이웃을 나보다 귀히 여기지 않는 자가 그 어찌 보이지 않는 하나님을 경외할 수 있겠습니까? 솔로몬이야말로 하나님의 사랑을 받은 자 다웠습니다. 놀랍게도 성경 전체에서 본문에서처럼 개인의 이름을 거명하며 어떤 인물이 여호와를 사랑하였다고 밝힌 예가 없습니다.

이 마음이 네게 있었도다

그러면 솔로몬은 어떤 인물이었습니까? 사무엘하 12:25 에는 "그의 이름을 여디디야(예디드야)라 하시니 이는 여호와 께서 사랑하셨기 때문이더라"라고 하였습니다. 이렇게 여호와 의 사랑을 받은 자인 솔로몬이 여호와를 사랑하였다고 합니 다! 이에 대해 또 무슨 장황한 설명이 필요하겠습니까? 이러 한 솔로몬을 여호와께서 꿈에 그에게 나타나셔서 질문을 하셨 다고 합니다. "내가 네게 무엇을 줄꼬 너는 구하라"(5절). 그런 데 놀라운 것은 그때 솔로몬이 당황하거나 주저하지 않고 즉 시 그 물으심에 응답하였다고 합니다. 이는 솔로몬이 이미 마 음 깊이 품고 있던 기도 제목을 그대로 아뢴 것이라고 이해하 고 싶습니다. 물론 여호와께서는 솔로몬의 이러한 마음을 알 고 계셨습니다. 저는 이 상황을 마치 아버지가 사랑하는 어린 자녀에게 "아빠를 얼마나 사랑하지?"라고 물어보는 것으로 비 유하고 싶습니다. "이만~큼!"이라고 하며 두 손을 힘껏 펴는 모습이 보고 싶은 아버지의 마음을 그려 봅니다.

여호와의 물으심에 솔로몬은 "듣는 마음을 종에게 주사 주 의 백성을 재판하여 선악을 분별하게 하옵소서"(9절)라고 아뢰 었습니다. 이 간구가 "주의 마음에 든" 것인데 본문에서는 여호 와께서 참으로 솔로몬의 주인이신 분이라는 뜻으로 "주"(아도나 이)라고 표현하였습니다. 솔로몬이 간구한 "이것"(10,11절)을

역대하 1:11에서는 "이런 마음이 네게 있어서"라고 하였는데
이를 불어 현대인의 성경은 "너의 심오한 소원"으로 번역하였
습니다. 솔로몬이 간구한 바가 다름이 아닌 "오직 송사를 듣고
분별하는 지혜를 구하였다"(11절)고 여호와께서 말씀하셨습니
다. 솔로몬은 시편 72:1에서도 "하나님이여 주의 판단력을 왕
에게 주시고 주의 공의를 왕의 아들에게 주소서"(솔로몬의 시)
라고 간구하였습니다. 특히 솔로몬이 "선악을 분별하게 하옵
소서"(9절)라고 간구한 점이 여호와의 마음에 드셨다고 이해하
고 싶습니다. 그는 오직 창조주 하나님만이 선악을 분별하실
수 있다는 올바른 신앙의 소유자이었다는 것입니다. 물론 선
악을 분별하는 문제에 있어서 최초로 실패한 인류의 조상 아
담과 하와의 사건은 말할 나위도 없고 더욱이 통치자가 되었
던 선민의 초대 왕 사울의 실패는 후대의 온 이스라엘 백성에
게 큰 교훈을 남겼습니다. 그러나 무엇보다도 솔로몬에게 있
어서 같은 핏줄로 이어진 압살롬과 아도니야가 야욕을 품고
아버지 다윗에 대한 반역을 일으킨 사건은 너무나도 큰 충격
을 안겨주었을 것이 틀림없습니다. 인간적으로는 그 누구도
헷사람 우리아의 아내이었던 밧세바의 아들이 선민의 통치자
의 자리에 오를 것이라고는 상상도 못했습니다. 다윗의 장자
암논과 둘째 길르압 그리고 셋째 압살롬이 죽자 넷째 아들인
아도니야는 "스스로 높여서 이르기를 내가 왕이 되리라"(왕상
1:5)라고 호언장담하였습니다. 솔로몬이 왕위에 오른 후에도

그는 "이 왕위는 내 것이었고 온 이스라엘은 다 얼굴을 내게로 향하여 왕으로 삼으려 하였는데 그 왕권이 돌아가 내 아우의 것이 되었음은 여호와께로 말미암음이니이다"(왕상 2:16)라는 울분을 토할 정도였습니다. 이 모두 선악을 올바로 분별하지 못한 처사였습니다. 반면에 밧세바의 막내아들이었던 솔로몬은 자신이 오직 여호와의 은혜로 왕위에 오르게 되었으니 이 간구는 매우 적절하였다고 하지 않을 수 없습니다. 여호와께서 얼마나 흡족하셨으면 솔로몬이 간구한 후에 동사 "요구하다"(*샤알*)를 6회(11절에 5회, 13절에 1회)나 되풀이하여 말씀을 하셨겠습니까! 여호와께서 이 용어를 여기에서처럼 반복하여 사용하신 곳은 성경 그 어디에도 없습니다.

여호와께 전적으로 의존한 솔로몬

본문에서 솔로몬은 자신이 선민의 왕이 된 것이 전적으로 여호와의 단독사역에 의해 이루어진 것이라고 고백합니다. 그래서 그는 6절에서 "주(you)께서 주의(your) 종 내 아버지 다윗에게 … 행하셨습니다"와 7절에서 자신을 "주(you)께서 종으로 … 왕이 되게 하셨습니다"에서 각각 남성 2인칭단수 대명사를 첨가하여 강조하였습니다("주께서 친히 … 행하셨습니다," "주께서 친히 주의[your] 종을 … 왕이 되게 하셨습니다" -원문). 본

문에서는 두 번(10,15절)이나 여호와를 "주"(*아도나이*, "주님" -표
준새번역개정판)라고 했을 뿐만 아니라 자신에 대해서도 "주의
(your) 종"으로 3회 곧 7절에 1회(원문), 8절에 1회(문장의 앞
머리에 위치하여 강조됨) 그리고 9절에 1회 표현하였습니다. 여
호와께서는 가끔 다윗을 "나의 종"이라고 하셨습니다(왕하
19:34; 20:6; 대상 17:4,7; 렘 33:21,22,26; 43:10). 그리고 다윗도 겸
비하게 자신은 "주의(your) 종"이라고 하였습니다(삼하 7:20,21;
대상 17:18,19,24-26). 솔로몬도 아버지의 신앙을 본받아 자신
을 이렇게 낮추며 여호와께 대한 전적 신뢰와 충성을 나타낸
것입니다. 학자들이 메시아를 암시하는 시편으로 여기는 솔로
몬의 시편 72편에서 그는 이렇게 읊었습니다.

> **시편 72:11-19** "11모든 왕이 그의 앞에 부복하며 모든
> 민족이 다 그를 섬기리로다 … 18홀로 기이한 일들을 행
> 하시는 여호와 하나님 곧 이스라엘의 하나님을 찬송하
> 며 19그 영화로운 이름을 영원히 찬송할지어다 온 땅에
> 그의 영광이 충만할지어다 아멘 아멘"

최고의 권좌에 앉은 왕인 자신을 하나의 종에 불과하다고
하며 자신이 왕이 된 것 역시 자신은 전혀 자격이 없었으나 은
혜로 된 것이라고 고백하는 정황이 우리 앞에 전개되고 있는
것입니다. 언약의 하나님 여호와께서는 제3자를 통해서가 아

니라 친히 솔로몬을 찾아오셔서 자애로운 음성으로 말씀하셨습니다. "내가 네게 무엇을 줄꼬 너는 구하라!" 여호와께서는 오늘도 우리에게 동일하게 말씀하십니다. 오늘날의 우리 역시 솔로몬 못지않게 하나님의 총애를 받은 자들입니다. 하나님 아버지께서 우리를 얼마나 사랑하셨으면 우리가 하나님의 자녀라는 칭호를 받았겠습니까! 요한1서 3:1에서는 우리를 향하신 하나님의 사랑을 이렇게 표현하였습니다.

> **요한1서 3:1** "보라 아버지께서 어떠한 사랑을 우리에게 베푸사 하나님의 자녀라 일컬음을 받게 하셨는가 우리가 그러하도다 그러므로 세상이 우리를 알지 못함은 그를 알지 못함이라"

본문의 "베푸셨다"를 새국제역은 *래비쉬*(lavish)로 번역하였습니다. *래비쉬*의 어원은 비가 "억수같이 쏟아짐"입니다. 에스겔 34:26의 "내가 그들에게 복을 내리고 내 산 사방에서 복을 내리며 때를 따라 소낙비를 내리되 복된 소낙비를 내리리라"의 "복된 소낙비"를 새국제역본은 "축복의 소나기"(showers of blessing)로 번역했습니다. 이제 필설로 다 표현할 수 없는 사랑을 받은 우리는 여호와의 마음을 흡족하게 해 드리는 언약백성의 삶을 살아야 하겠습니다. 인류의 창조주이신 하나님께서는 인류의 조상인 아담과 하와가 타락한 직후 곧 아담을

부르시며 친히 찾아주셔서 "네가 어디에 있느냐?"(창 3:9. 원문
은 외마디인 *아예카*)라고 물으셨습니다. 하나님께서 그들에게
찾아오신 것은 그들의 죄를 사하시기 위해 앞으로 메시아를
보내주실 구속의 말씀 곧 '원복음'을 약속하여 주시기 위함이
었습니다(창 3:15). 이 은혜로우신 언약의 하나님께서 솔로몬
을 찾아주신 것처럼 오늘날도 변함없이 그리스도의 피로 구속
받은 자녀들을 찾아 주십니다. 그 주님을 솔로몬이 지녔던 심
오한 소원을 본받아 우리의 가정과 교회의 주인으로 모시는
우리가 되어야 하겠습니다.

30 엘리야가 모든 백성을 향하여 이르되 내게로 가까이 오라 백성이 다 그에게 가까이 가매 그가 무너진 여호와의 제단을 수축하되 31 야곱의 아들들의 지파의 수효를 따라 엘리야가 돌 열두 개를 취하니 이 야곱은 옛적에 여호와의 말씀이 임하여 이르시기를 네 이름을 이스라엘이라 하리라 하신 자더라 32 그가 여호와의 이름을 의지하여 그 돌로 제단을 쌓고 제단을 돌아가며 곡식 종자 두 세아를 둘 만한 도랑을 만들고 33 또 나무를 벌이고 송아지의 각을 떠서 나무 위에 놓고 이르되 통 넷에 물을 채워다가 번제물과 나무 위에 부으라 하고 34 또 이르되 다시 그리하라 하여 다시 그리하니 또 이르되 세 번째로 그리하라 하여 세 번째로 그리하니 35 물이 제단으로 두루 흐르고 도랑에도 물이 가득 찼더라 36 저녁 소제 드릴 때에 이르러 선지자 엘리야가 나아가서 말하되 아브라함과 이삭과 이스라엘의 하나님 여호와여 주께서 이스라엘 중에서 하나님이신 것과 내가 주의 종인 것과 내가 주의 말씀대로 이 모든 일을 행하는 것을 오늘 알게 하옵소서 37 여호와여 내게 응답하옵소서 내게 응답하옵소서 이 백성에게 주 여호와는 하나님이신 것과 주는 그들의 마음을 되돌이키심을 알게 하옵소서 하매 38 이에 여호와의 불이 내려서 번제물과 나무와 돌과 흙을 태우고 또 도랑의 물을 핥은지라 39 모든 백성이 보고 엎드려 말하되 여호와 그는 하나님이시로다 여호와 그는 하나님이시로다 하니 40 엘리야가 그들에게 이르되 바알의 선지자를 잡되 그들 중 하나도 도망하지 못하게 하라 하매 곧 잡은지라 엘리야가 그들을 기손 시내로 내려다가 거기서 죽이니라

엘리야의 신앙을
본받자

북방 이스라엘의 왕 오므리(주전 885-874년)는 아들 아합을 인접국가인 페니키아의 시돈 왕 엣바알의 딸 이세벨과 결혼을 하게 하였습니다. 이로 인하여 아합은 짧지 않은 22년 동안을 통치하며 그 어느 왕보다도 이방의 우상인 바알 종교를 도입하여 열렬히 섬기고 그 신전을 사마리아에 건축하기에 이르렀습니다(왕상 16:32). 그는 심지어 바알 종교를 국교로 하려는 정책을 세워 바알 제사장에 대한 국가적 지원을 함으로써 최대한의 포교를 노렸습니다. 그들은 "이세벨의 상에서 먹는 바알의 선지자 450인과 아세라의 선지자 400인"(왕상 18:19)에 달했다고 합니다. 아합 왕은 이처럼 여호와 종교를 의도적으로 그리고 조직적으로 근절시키려는 극악한 방법을 총동원한 것입니다. 아합과 이세벨은 국왕이고 왕후라는 지위를 악용하여 선민으로 하여금 여호와를 배반하여 우상을 섬기게 하고 "주의 제단을 헐고" 또한 "주의 선지자들을 살해"하기까지 하였던 것입니다. 그의 죄상이 열왕기상 16:30-33에 다음과 같이 잘 드러났습니다.

> **열왕기상 16:30-33** "[30]… 그의 이전의 모든 사람보다 여호와 보시기에 악을 더욱 행하여 [31]느밧의 아들 여로보암의 죄를 따라 행하는 것을 오히려 가볍게 여기며 … 가서 바알을 섬겨 예배하고 [32]사마리아에 건축한 바알의 신전 안에 바알을 위하여 제단을 쌓으며 [33]또 아세라 상을 만들었으니 그는 그 이전의 이스라엘의 모든 왕보다 심히 이스라엘 하나님 여호와를 노하시게 하였더라"

더욱이 놀라운 것은 그의 악정이 여호와께서 여호수아를 통하여 금하신 명령을 정면으로 도전하게 되었다는 사실입니다

> **여호수아 6:26** "… 여호수아가 그 때에 맹세하게 하여 이르되 누구든지 일어나서 이 여리고 성을 건축하는 자는 여호와 앞에서 저주를 받을 것이라 그 기초를 쌓을 때에 그의 맏아들을 잃을 것이요 그 문을 세울 때에 그

의 막내아들을 잃으리라 하였더라"

그리하여 "그 시대에 벧엘사람 히엘이 여리고를 건축"(34
절)하도록 하는 데까지 이르렀습니다. 본문에서 부사구인 "그
시대에"를 문장 앞머리에 두어 그 악행을 규탄했습니다. 더욱
안타까운 것은 선민인 이스라엘 백성들이 진리에 대하여 무지
하여 이러한 실책에 대한 올바른 판단을 내리지 못하였다는
점입니다. 따라서 여호와께서 바알 우상을 미워하셔서 그들이
그 이름을 발음하는 것조차 금하셨습니다. 히브리어에서는 남
편을 *바알*이라고 부릅니다.

> 호세아 2:16-17 "16여호와께서 이르시되 그 날에 네가
> 나를 내 남편이라 일컫고 다시는 내 바알이라 일컫지 아
> 니하리라 17내가 바알들의 이름을 저의 입에서 제거하여
> 다시는 그 이름을 기억하여 부르는 일이 없게 하리라"

이와는 정반대로 열왕기상 17:1에서는 여호와의 종 엘리
야에 대한 아무런 소개가 없이 단순히 "엘리야가 말했다"로 시
작합니다. 그리고 본문 이전의 기록에서도 그에 관한 언급이
전혀 없었을 뿐만 아니라 그는 디셉사람이라고 하였는데 그
곳마저도 잘 알려지지 않았습니다. 그러나 한 가지 분명한 사
실은 그가 살아 계신 이스라엘의 하나님을 섬긴 인물임이 강

조되었다는 것입니다.

북방 이스라엘에서의 아합 왕의 통치를 소개하는 도입부인 열왕기상 16:29에서 의례히 동사문장에서는 동사 "왕이 되니라"가 문장의 앞머리에 위치하여야 함에도 오히려 주어인 "아합"이 앞머리에 위치하여 강조함으로써 당시의 영적 전운이 감도는 상황을 잘 들어내 줍니다. 이 장면은 마치 다윗과 골리앗의 대립을 연상하게 합니다.

선민에게 이러한 위기가 닥쳤을 때에 여호와께서는 천군천사를 동원하시는 것이 아니라 하나님의 마음에 합한 인물을 사용하셔서 그의 영광을 드러내신다는 사실을 우리가 여기에서 깨닫게 됩니다. 그 인물이 바로 "나의 하나님은 여호와이시다"라는 뜻을 지닌 엘리야이었습니다. 그런데도 백성들은 애처롭게도 어느 신이 참 신인가를 분별하지 못하여 여호와와 바알 사이에서 우왕좌왕(파사흐, 21절)하였으므로 엘리야가 그들에게 "여호와가 만일 하나님이면 그를 따르고 바알이 만일 하나님이면 그를 따를지니라"라고 결단을 축구하였던 것입니다. 그러나 그들은 결단을 내리지 못하였습니다("말 한마디도 대답하지 아니하는지라"). 소위 종교지도자들이라는 바알의 선지자들(450명)은 자신들의 제단에 불이 내리지 않자 절망과 공포에 사로잡혀 그 제단 주위에서 날뛰었다(파사흐, 26절)고 합니다. 과연 "그 시대에" 여호와께서는 비장의 무기처럼 간직하셨던 엘리야를 등장시켜 사용하셨습니다. 그러면 엘리야는 어떻게 여호와께 쓰임을 받았습니까?

여호와의 말씀에 전적으로 순종하는 엘리야

엘리야는 자신을 소개할 때에 "내가 섬기는 이스라엘의 하나님 여호와"라고 하며 자신은 여호와를 섬기는 자임을 밝혔는데 이 여호와께서 살아 계시다고 역설합니다. 본문의 "섬기다"를 직역하면 "나는 그의 앞에 서 있었다"(역시 18:15. *아마드 티 레파나브*)입니다. 이 얼마나 자신을 대적하는 국왕 아합, 왕비 이세벨 그리고 세속적 권세의 꼭두각시가 된 제사장들과 대조가 됩니까? 엘리야의 이런 자기소개를 들은 바알의 제사장들은 자기들의 죄가 그 얼마나 큰지를 깨달았어야 마땅합니다. 왜냐하면 신명기 10:8에 레위 지파에게 주신 말씀이 있기 때문입니다.

신명기 10:8 "그 때에 여호와께서 레위 지파를 구별하여 여호와의 언약 궤를 메게 하며 여호와 앞에 서서 그를 섬기며 또 여호와의 이름으로 축복하게 하셨으니 그 일은 오늘까지 이르느니라"

엘리야는 자신은 여호와의 앞에 서서 그가 지시하시는 말

씀에 순종하여 그의 뜻을 이루어 드리는 존재라고 말하는 것
입니다. 히브리어에서 동사 "순종하다"는 직역하면 "음성을
듣다"(샤마 베콜 또는 레콜)입니다. 영어 "순종하다"(obey)의 어
원도 "…의 쪽으로"(ob)+"듣는다"(audire)와 관련이 있습니다.
차제에 혹시 우리가 누구 앞에 서 있는지를 진지하게 점검할
필요가 있습니다. 혹시 우리가 소위 풍요와 명예 그리고 권세
를 제공해 준다는 신 앞에 서 있지나 않는지 말입니다.

엘리야는 주인 되신 여호와의 명령에 전적으로 순종하는
사역자임을 보여줍니다. 그는 여호와의 대언자로서 아합 왕에
게 희소식이 아닌 기근에 관해 아래와 같이 전언하였습니다.
"내가 섬기는 이스라엘의 하나님 여호와께서 살아 계심을 두
고 맹세하노니 내 말이 없으면 수 년 동안 비도 이슬도 있지
아니하리라"(17:1). 아합에게 있어서 이 말은 사형선고와도 같
았을 것입니다. 따라서 여호와께서는 엘리야에게 다음과 같이
말씀하셨습니다.

> **열왕기상 17:3-4** "3너는 여기서 떠나 동쪽으로 가서 요
> 단 앞 그릿 시냇가에 숨고 4그 시냇물을 마시라 내가 까
> 마귀를 명하여 거기서 너를 먹이게 하리라"

우선 그가 여호와로부터 받은 첫 명령은 왕으로부터 피신
을 하라는 것이었는데 이는 선지자의 사역과는 전혀 무관한

듯합니다. 또 한 가지는 만일 사역자가 이렇게 위태로운 역할을 하였다면 그에 걸맞은 대우를 받아야 할 것으로 생각할 수 있겠습니다. 그런데 그에게 주어진 말씀은 이와는 전혀 달랐습니다. 그릿이라는 시내는 잘 알려지지 않은 곳인데다 그 시냇물이 요단 계곡으로 흘러내려간다고 합니다. 7절에서도 언급하듯이 땅에 비가 내리지 아니하므로 얼마 후에 그 시내가 말라버렸다고 합니다. 그런데도 엘리야는 그곳의 지형이 어떤지, 조류들이 서식하는지, 식수의 공급이 원활한지 등을 미리 답사하지도 않고 전혀 망설임 없이 그대로 순종하고 그곳으로 떠났다고 합니다. 팔레스틴에서의 먹고 마시는 문제는 용이하지가 않습니다. 그래서 주님께서 가르치신 기도 중의 "오늘 우리에게 일용할 양식을 주시옵고"(마 6:11)라는 말씀에서도 "일용할 양식"이라는 목적어를 문장의 앞머리(원문)에 두신 것으로 여겨집니다. 놀랍게도 "그가 여호와의 말씀과 같이 하여 곧 가서 요단 앞 그릿 시냇가에 머물매 까마귀들이 아침에도 떡과 고기를, 저녁에도 떡과 고기를 가져왔고 그가 시냇물을 마셨다"(원문)라고 성경은 우리에게 밝혀주고 있습니다. 원문을 아래와 같이 직역할 수 있습니다.

"5그래서 그가 갔다. 그리고 그가 행하였다 여호와의 말씀 대로. 그리고 그가 갔다. 그리고 그가 머물렀다 요단앞 그릿 시냇가에. 6그리고 까마귀들이 떡과 고기를,

저녁에도 떡과 고기를 그에게 가져다주곤 하였다. 그리고 시내에서 그는 물을 마셨다"

5절에서는 동사들이 연속적으로 앞머리에 위치하여 그의 신속한 순종을 보여줍니다. 6절에서는 주어인 까마귀가 문장 앞머리에 놓이고 동사도 분사형(分詞形)을 사용하여 그가 필요한 양식이 그에게 제때 제공됨을 생생하게 나타냅니다("그에게 가져다주곤 하였다" -모팟역, 새영어번역성경). 잘 알려진 바와 같이 까마귀는 모세 율법에 부정한 새로 분류됩니다(레 11:15). 이렇게 부정한 새들이 입에 물고 온 음식으로 생명을 유지하라는 말씀을 들었을 때에 베드로가 본 환상 가운데에 보자기에 들어있는 공중에 나는 부정한 것들을 먹으라는 하늘의 음성을 듣고 보인 베드로의 반응이 떠오릅니다. 처음에는 "주여 그럴 수 없나이다 속되고 깨끗하지 아니한 것을 내가 결코 먹지 아니하였나이다"(행 10:14)라고 하였으나 "하나님께서 깨끗하게 하신 것을 네가 속되다 하지 말라"(15절)는 하늘의 음성을 듣게 되었습니다. 베드로는 즉시 이방인이라고 차별하지 말고 "일어나 내려가 의심하지 말고 함께 가라"(20절)는 성령의 말씀을 따라 이방인 고넬료에게 가서 복음을 전했습니다. 이런 견지에서 후에 여호와의 명령에 순종한 엘리야도 페니키아의 도시인 시돈 땅에 가는 발걸음이 한층 가벼웠을 것이라고 이해하여도 무방하리라고 여겨집니다.

여호와의 명령은 하루 이틀이 아닌 일 년 반 동안이나 걸리는 기간에 관한 것이었는데 엘리야는 묵묵히 순종할 수 있었다고 하니 이는 오로지 은혜로만 가능하였을 것입니다. 대학생 시절에 조용히 기도를 드릴 마음이 생겨 관악산 기도원에 들러 굴에서 3일간 금식한 일이 있었습니다. 그러나 저는 치은염(齒齦炎)으로 인해 잇몸에서 심한 염증이 생겨 3일째 되는 날 금식을 중단하게 되었습니다. 기도원 측에서는 제가 금식을 하였다고 누룽지를 끓여주셨는데 그때까지 그렇게 맛있는 식사를 한 적이 없었던 것 같습니다. 감사의 눈물을 흘리며 먹었으니 말입니다. 엘리야 선지자도 까마귀가 제공해 주는 첫 음식을 대할 때에 어떠하였는지 천국에서 만나면 직접 듣고 싶은 마음이 생깁니다. 그의 이러한 체험은 그로 하여금 여호와께서 그 어떤 사역을 맡기셔도 능히 감당할 수 있는 성숙한 믿음의 터전을 마련해 주었을 것입니다. 그가 보여준 이러한 모범적 순종 때문에 오늘날의 우리도 도저히 상상도 할 수 없었던 어려움이 전혀 기대하지 못한 방도에 의해 해결될 때에 우리는 하나님께서 까마귀를 보내시어 문제를 해결해주셨다고 서슴없이 고백하게 됩니다.

이제 여호와께서는 시돈에 속한 사르밧 과부에게 엘리야를 보내셨습니다. 하지만 이번에도 그에게 주어진 사역이 얼핏 볼 때에 과연 여호와께 크게 영광을 돌릴만한 보람이 있는 것인가라고 의아해할 수도 있었을 것입니다.

열왕기상 17:8-24 "너는 일어나 시돈에 속한 사르밧으로 가서 거기 머물라 내가 그 곳 과부에게 명령하여 음식을 주게 하였느니라 …"

그러나 이번에도 그는 여호와의 말씀에 순종한 결과 극심한 기근으로 인해 절체절명의 위기에 처한 가련한 한 과부와 그의 아들에게 그들의 유일한 생존 기구인 통에 가루가 떨어지지 아니하고 기름 병에 기름이 없어지지 아니하게 함으로써 생명을 보존하게 하였고(14절) 또한 여인의 죽은 아이를 살려주는(22-23절) 이적을 나타내는 결과를 목격하게 되었습니다. 이로 인해 그는 여인으로부터 "내가 이제야 당신은 하나님의 사람이시요 당신의 입에 있는 여호와의 말씀이 진실한 줄 아노라"(24절)는 말을 듣게 된 것입니다. 24절하에서 원문에는 "이제야"라는 말이 없습니다. 그러나 동사가 없는 명사문장인 이 표현에서 술어부가 앞에 위치하여 "하나님의 사람입니다 당신은(you)"이라고 하여 강조되었습니다. 구약성경의 다른 곳에서 이러한 고백을 들은 하나님의 종이 또 몇 분이나 있었던가요? 물론 하나님의 신실한 종들이 이러한 표현이 없이 동일한 인정을 받은 것이 사실입니다. 바울에게 최고의 기쁨이 되었던 고백이 기억납니다.

데살로니가전서 2:13 "이러므로 우리가 하나님께 끊임

없이 감사함은 너희가 우리에게 들은 바 하나님의 말씀
을 받을 때에 사람의 말로 받지 아니하고 하나님의 말씀
으로 받음이니 진실로 그러하도다 이 말씀이 또한 너희
믿는 자 가운데에서 역사하느니라"

이렇게 엘리야는 자신의 이름에 걸맞은 사역자이었습니다.
나의 하나님은 여호와이시다! 여호와의 말씀에 전적으로 순종
하는 사역자에게는 이렇게 놀라운 결실이 가능한 것입니다.
엘리야 선지자가 그지없이 부럽기만 합니다.

여호와께만 영광을 돌리는 사역자 엘리야

이스라엘에 심한 기근이 꽤 오래 지속된 상태에 처했을 때
여호와의 세 번째 명령이 엘리야에게 내렸습니다.

열왕기상 18:1 "많은 날이 지나고 제삼년에 여호와의
말씀이 엘리야에게 임하여 이르시되 너는 가서 아합에
게 보이라 내가 비를 지면에 내리리라"

엘리야로서는 이 명령도 이해하기가 쉽지 않았을 것입니
다. 우선 여호와께서 비를 내리실 의도이시면 그렇게 하시기

만 하면 될 것인데 왜 하필이면 아합을 만나라고 하시는 것일
까요? 그리고 이 시점에 아합을 만난다는 것은 생명의 위협이
동반됨에도 불구하고 첫째 명령과는 달리 안전에 대한 보장이
전혀 없는 것이 이번 명령이었습니다. 그 당시 아합은 기근이
너무 심하여 물을 찾기 위해 왕인 자신이 몸소 "이 땅의 모든
물 근원과 모든 내로"(18:5-6) 찾아다니는 판국이었습니다. 그
리고 마치 사울 왕이 다윗을 살해하기 위해 혈안이 되었듯이
그도 엘리야를 죽이기 위해 사람을 보내어 그를 찾지 아니한
족속이나 나라가 없었을 정도였다는 소식을 오바댜를 통해 그
는 들었습니다(10절). 더욱 그를 놀라게 하는 것은 만일 오바
댜가 엘리야의 소재를 아합에게 전달한 후에 엘리야가 그곳에
없으면 자신은 죽임을 당한다는 그의 고백을 들을 정도로 사
태가 심각하였다는 사실입니다. 아마도 이때 엘리야는 자신이
이세벨의 본토인 시돈지역의 사렙다에서 사역한 것이 여기보
다는 오히려 아합의 위협을 피할 수 있는 안전지대였다고 느
꼈을 것으로 이해됩니다. 드디어 엘리야를 만난 아합은 살기
등등하여 "이스라엘을 괴롭게 하는 자여 너냐"(17절)라는 말
을 내뱉었습니다. 원문에서는 의문사가 "너"에 붙어 그 증오의
심도를 여실히 나타내 줍니다("과연 너냐?"["Is it really you?"]).
그러자 엘리야는 여호와의 사역자답게 아합의 극악한 죄악상
을 아래와 같이 질타하였습니다. "내가 이스라엘을 괴롭게 한
것이 아니라 당신과 당신의 아버지의 집이 괴롭게 하였으니

이는 여호와의 명령을 버렸고 당신이 바알들을 따랐음이
라"(18절).

　인간적으로 말하자면 엘리야가 어마어마한 위협을 느꼈을
것으로 여겨지는 그 순간이었는데 바로 그때에 놀랍게도 돌연
갈멜 산에서의 대결에 관한 내용이 등장하는데 그것도 엘리야
가 제안하였다는 것입니다. 우리가 여기에서 의아하게 생각하
는 것은 1절에서는 여호와께서 엘리야에게 다만 아합을 만나
라고 하셨는데 19절에서 엘리야가 어떻게 이런 엄청난 제안
을 돌발적으로 아합에게 할 수 있었는가 하는 점입니다.

> **열왕기상 18:19** "그런즉 사람을 보내 온 이스라엘과 이
> 세벨의 상에서 먹는 바알의 선지자 사백오십 명과 아세
> 라의 선지자 사백 명을 갈멜 산으로 모아 내게로 나아오
> 게 하소서"

　더욱이 아합이 이런 엘리야를 즉석에서 살해하지 않고 오
히려 엘리야의 제안을 받아드리게 되었는지를 생각하면 이 모
두가 성령님의 역사하심의 결과라고 이해됩니다("아합이 이에
이스라엘의 모든 자손에게로 사람을 보내 선지자들을 갈멜 산을 모
으니라" 20절). 다윗의 고백이 기억납니다. "내가 사망의 음침
한 골짜기로 다닐지라도 해를 두려워하지 않을 것은 주께서
(you) 나와 함께 하심이라 주의 지팡이와 막대기가 나를 안위

하시나이다(시 23:4)". 엘리야가 극한 어려움을 당할 때에 주님
께서는 멀리 계시지 않고 함께 계셔서 그를 보호하시고 사명
을 감당할 수 있도록 인도해 주셨습니다.

히브리어 성경과 거의 모든 역본들은 20절에서 새로운 문
단을 시작합니다. 어떤 독일어 성경은 17-20절을 한 문단으
로 취급했습니다(쮜리허성경, 엘버휄더성경). 그러나 루터역
(M.Luther)과 사이몬 드브리스(S.J.DeVries)는 이와 달리 19절
앞머리의 "그런즉"(웨아타. "이제 그러므로")으로 시작하는
19-20절을 하나의 문단으로 다루었습니다. 이 내용분해에
의하면 갈멜 산의 사건은 이 순간에 여호와의 영이 엘리야에
게 지시한 것이라고 이해하고 싶습니다.

갈멜 산에서 엘리야가 말하였다는데 "말하다"(36절)를 새
국제역본은 "기도하다"로 옮겼습니다. 그의 기도 내용에서 우
리는 사역자의 본분이 무엇인가를 배우게 됩니다.

열왕기상 18:36-37 "36저녁 소제 드릴 때에 이르러 선
지자 엘리야가 나아가서 말하되 아브라함과 이삭과 이
스라엘의 하나님 여호와여 주께서 이스라엘 중에서 하
나님이신 것과 내가 주의 종인 것과 내가 주의 말씀대로
이 모든 일을 행하는 것을 오늘 알게 하옵소서 37… 이
백성에게 주 여호와는 하나님이신 것과 주는 그들의 마
음을 되돌이키심을 알게 하옵소서 하매"

　우선 그는 그 무엇보다도 여호와께서 참 신이신 것과 그들의 마음을 되돌이키시는 하나님이심이 밝히 드러나기를 간구하였습니다. 이어서 자신은 여호와의 대언자일 뿐임을 역설할 때에 "여호와의 말씀대로"를 동사 "내가 행하였나이다" 앞에 도치시켜 강조하였습니다. 우리가 놓쳐서 안 될 것은 이 기도는 엘리야가 미리 작성한 선언문을 그 때에 낭독한 것이 아니라 자신의 마음속에 늘 간직하고 있던바 그대로를 하나님께 아뢴 것이었다는 사실입니다. 이 기도야말로 "나의 하나님은 여호와이시다"라는 이름에 걸맞다고 하지 않을 수 없습니다.

　갈멜산에서 진행된 엘리야와 바알의 선지자들의 활약상에는 현저한 차이점이 들어납니다. 엘리야는 우선 모든 백성에게 "여호와가 만일 하나님이면 그를 따르고 바알이 만일 하나님이면 그를 따를지니라"(21절)라고 핵심적 문제에 대한 결단을 촉구하였습니다. 그리고 바알 선지자들에게는 "너희는 너희 신의 이름을 부르라 나는 여호와의 이름을 부르리니 이에 불로 응답하는 신 그가 하나님이니라"(24절)고 확신에 찬 선전포고를 하였습니다. 이 사실은 엘리야가 22-24절에서 매번 "나"라고 말할 때에는 1인칭 남성 단수 대명사(아니)를 첨가하여 강조한 데에서 드러납니다. 그는 또한 의식 진행에 있어서 순서를 그들에게 양보하는 아량을 베풉니다. "너희는 많으니 먼저 송아지 한 마리를 택하여 잡고 너희 신의 이름을 부르라"(25절). 이렇게 했음에도 불구하고 바알 선지자들의 의식에는 신으로부터의 응답이 없었습니다. 와이즈만(D.J.Wiseman)에 의하면 이스라엘에 바알 종교를 도입한 원흉인 이세벨이라는 이름의 뜻은 "바알은 어디에 있느냐?"라고 합니다. 그렇다면 엘리야가 그들을 조롱한 말이 그들에게 있어서는 결코 우이독경(牛耳讀經)일 수 없었을 것입니다. "큰 소리로 부르라 그는 신인즉 묵상하고 있는지 혹은 잠깐 나갔는지 혹은 그가 길을 행하는지(여행을 떠났는지 -표준새번역개정판) 혹은 그가 잠이 들어서 깨워야 할 것인지"(27절). 29절은 이렇게 이어집니다. "정오가 지났고 그들이 미친 듯이 떠들어 저녁 소제 드릴 때까지 이르렀으나 아무 소리도 없고 응답하는 자나 돌아보는 자가 아무도 없더라." 엘리야는 한 걸음 더 나아가 불이 내려야 하는 경쟁에서 불리해 보이는 듯 한 정신적 여유를 보입니다. 그는 쌓은 제단 주변에 도랑을 만들고 통 넷에 물을 채워다가 번제물과 나무 위에 세 번이나 붓게 하여 "물이 제단으로 두루 흐르고 도랑에도 물이 가득 찼더라"(35절)라고 할 정도였습니다. 그리고는 엘리야가 계속하여 기도를 드렸습니다.

열왕기상 18:37-39 "37여호와여 내게 응답하옵소서 내게 응답하옵소서 이 백성에게 주 여호와는 하나님이신 것과 주는 그들의 마음을 돌이키심을 알게 하옵소서 하매 38이에 여호와의 불이 내려서 제물과 나무와 돌과 흙을 태우고 또 도랑의 물을 핥은지라 39모든 백성이 보고

엎드려 말하되 여호와 그는 하나님이시로다 여호와 그
는 하나님이시로다 하니"

모든 백성이 되풀이하여 외친 강조적 고백이야말로 엘리야
가 그렇게도 듣고 싶었던 것이었습니다. "여호와 그는 하나님
이시로다 여호와 그는 하나님이시로다". 결국 갈멜 산 대결의
승리는 바알의 선지자들의 찬란한 의식행위와는 전혀 다른 오
직 한 선지자의 기도에 대한 살아계신 하나님의 응답에 의해
이루어진 것이었습니다. 에더샤임(A.Edersheim)은 그의 능력
의 원천은 계속적 기도에 있었다고 하였습니다. 박윤선 목사
님은 "엘리야는 천성적으로 강한 힘이 있어서 기도한 것이 아
니라, 자기의 연약 때문에 하나님의 도우심의 필요를 느껴서
기도하게 된 것이다"라고 말하였습니다.

갈멜산 대결 이후의 엘리야

오늘날에도 갈멜산에 올라가서 엘리야가 칼을 든 오른 손
을 치켜 올리고 있고 발은 바알 선지자들의 목을 밟고 있는 그
의 동상을 볼 때에 마음이 통쾌합니다. 하지만 그 후의 그의
여생은 다른 선지자들보다 기복이 심한 편이었습니다. 호렙산
의 대결에서 대패한 이후에 전개된 상황을 열왕기상 19장은

이렇게 시작합니다. "아합이 엘리야가 행한 모든 일과 그가 어떻게 모든 선지자를 칼로 죽였는지를 이세벨에게 말하니"(1절). 원문에서는 "모든 것"이 세 번 나타납니다. 직역하면 아합은 이세벨에게 엘리야가 행한 모든 것 그리고 모든 것 곧 그가 모든 선지자들을 칼로 죽인 모든 것을 말하였다는 것입니다. 그 말을 듣자마자(접속사 *와우*) 이세벨은 무시무시한 독설을 내뱉는 것을 보아 아합의 말투가 어떠하였는지를 짐작할 수 있습니다. 이세벨은 신들의 이름으로 맹세하며 사신을 엘리야에게 보내어 내일 그를 살해하겠다고 위협합니다. "내가 내일 이 맘때에는 반드시 네 생명을 저 사람들 중 한 사람의 생명과 같게 하리라 그렇게 하지 아니하면 신들이 내게 벌 위에 벌을 내림이 마땅하니라 한지라"(2절). 그러자 엘리야가 지체 없이 광야로 피신하게 되는 내용이 3절에 등장합니다.

> **열왕기상 19:3** "그가 이 형편을 보고 일어나 자기의 생명을 위해 도망하여 유다에 속한 브엘세바에 이르러 자기의 사환을 그 곳에 머물게 하고"(개역개정판)

본문 첫 단어(*와야르*)의 해석에는 두 견해가 있습니다. (1) 원문을 따라 "그리고 그가 보았다"(*와야르*. 어근을 *라아*["본다"]로 이해)로 해석하는 견해(루터역, 흠정역, 유대인출판협회성경, 루이 세공역 불어성경, 중국화합본, 개역개정판, 일본성서신개역)와 (2)

많은 역본들이 칠십인경을 따라 원문을 수정하여 "그리고 그가 두려워하였다"(*와이라*. 어근을 *야레*["두려워하다"])로 해석하는 두 견해로 나뉩니다. 개역개정판의 "그가 이 형편을 보고 … 도망하여"는 본문을 중국화합본과 같이 의역한 것입니다. "그가 두려워하였다"로 이해한 성경들은 그 다음 단어인 "그리고 그가 갔다"까지 "그가 도망하였다"로 번역합니다. 이 번역은 원문이 "가다"(*할라크*)이고 "도망하다"(*바라흐*. *누쓰*. *나다드* 등)라는 용어를 사용하지 않았음에도 불구하고 엘리야의 행동을 지나치게 비하하는 것이 아닌가하는 인상을 줍니다. 히브리어에서 *라아* 동사는 단순한 시각으로 보는 것 이상의 의미를 내포합니다. 예를 들면, "라헬이 자기가 야곱에게서 아들을 낳지 못함을 보고"(창 30:1)와 "레아가 자기의 출산이 멈춤을 보고"(9절)에서 그러한 동시에 "보다"와 "깨닫는다"가 대구법적(對句法的)으로 사용되었습니다(사 52:15). 성경에서 선지자들이 순교가 요청되는 경우가 아닌 다만 생명의 위협을 받을 때에 피신한 예들이 종종 있었습니다.

어느 날 저는 사도행전 16장에 나타난 바울과 실라가 빌립보에서 복음을 전하다가 깊은 감옥에 갇힌 내용을 읽게 되었습니다(16:19-34). 너무나 잘 알려진 말씀이었으나 이번에는 문득 내가 만일 그러한 처지에 놓였다면 어떻게 처신했을까를 숙고하게 되었습니다. 십중팔구는 우선 모든 방법과 수단을 동원하여 거기에서 벗어나려고 애썼을 것입니다. 그리고 더욱

이 큰 지진이 나서 옥터가 움직이고 문이 곧 다 열리며 몸에
매인 것이 벗어졌는데도(26절) 바울은 "크게 소리 질러 이르되
네 몸을 상하지 말라 우리가 다 여기 있노라"(28절)라고 하며
간수를 안심시켰다고 합니다. 이로 인해 그 간수와 온 가족이
세례를 받고 "하나님을 믿음으로 크게 기뻐하였다"는 것입니
다(33-34절). 하지만 저는 오히려 '이것이 하나님이 주신 절호
의 기회로 여겨 그 누구보다도 먼저 도망쳤을 것이 틀림이 없
을 것이지!' 라고 생각하며 한참 동안 읽기를 멈추고 목사요
신학교 명예교수인 자신의 신앙을 점검하였습니다. 하나님이
계획 가운데에서 허락하시는 은혜가 아니면 그 누구도 도저히
바울을 본받을 수 없음을 깊이 깨달았습니다.

따라서 엘리야의 피신에 있어서도 그가 공포에 질려 도망
을 친 인물로 불명예스럽게 과장하는 것보다는 일본성서신개
역2017과 같이 원문을 따라 "그는 그것을 알고 일어나, 자신
의 생명을 구하기 위해 떠났다"로 옮기는 것이 타당해 보입니
다. 와이즈만(D.J.Wiseman)에 의하면 실제로 두려워한 인물은
이세벨이었다고 말합니다. 이세벨이 엘리야를 직접 대면하지
않고 사환을 그에게 보낸 것은 두려움 때문이었다는 것입니
다. 따라서 카일(C.F.Keil)이 엘리야가 이세벨의 헛된 협박을
두려워하거나 생명을 보존하려고 도망친 것이 아니었다는 해
석이 가능합니다. 엘리야는 유다의 여호사밧 왕에게 피신했으
면 안전했을 것인데도 그리하지 않고 광야로 간 것은 자신의

영혼을 주 하나님께 맡겨 자신에 대한 그분의 처분을 바란 것
으로 카일은 이해합니다.

엘리야는 광야에 들어가 한 로뎀 나무 아래에 앉아서 자기
가 죽기를 원하여 여호와께 다음과 같이 아룁니다. "여호와여
넉넉하오니 지금 내 생명을 거두시옵소서"(4절). 그는 자신의
생사 문제가 여호와의 주권에 달려 있음을 고백하는 것입니
다. 그는 다시 사십 주야를 걸어가서 호렙 산 굴에 머물게 됩
니다. 광야에서도 천사를 보내 보살펴 주신 여호와께서 이곳
에도 찾아오셔서 "엘리야야 네가 어찌하여 여기 있느냐"(9절.
역시 13절)라는 수사학적 질문을 하셨습니다. 엘리야는 이렇
게 아룁니다.

> **열왕기상 19:14** "… 내가 만군의 하나님 여호와께 열심
> 이 유별하오니 이는 이스라엘 자손이 주의 언약을 버리
> 고 주의 제단을 헐며 칼로 주의 선지자들을 죽였음이오
> 며 오직 나만 남았거늘 그들이 내 생명을 찾아 빼앗으려
> 하나이다"

본문에서 "유별하다"와 "오직"이 강조될 뿐만 아니라 목적
어인 "주의 언약"과 "주의 제단"을 각각 동사의 앞에 두어 역
시 강조하였습니다. 이 모두 여호와의 신실한 종 엘리야가 통
과해야만 했던 고난의 과정이었습니다.

1967년에 이스라엘의 마싸다(Masada, 해발 434m)에 오른 일이 있었습니다. 그때에는 오늘날처럼 케이블카나 계단이 없었습니다. 그래서 정상에 올라가기가 무척 힘이 들었습니다. 그러나 더욱 어려웠던 것은 내려올 때였습니다. 마치 몸이 앞으로 곤두박질치는 듯한 두려움으로 가파른 내리막길을 내려오는 데 어려움을 겪었습니다. 그러나 그 일은 유대인들이 로마군을 대항한 최후의 항쟁지요 불굴의 의지를 상징하는 마싸다가 주는 역사적 교훈을 되새길 수 있는 귀한 경험이었습니다. 백세를 사는 오늘날의 목회자들이나 선교사들이 사역에서 은퇴한 후에 보내야하는 세월이 길어서 여생이 만만치 않다는 것을 우리는 잘 알고 있습니다. 그렇지만 시편 23편의 마지막 부분에서 다윗이 고백한 말씀을 붙잡읍시다. "내 평생에 선하심과 인자심이 반드시 나를 따르리니 내가 여호와의 집에 영원히 살리로다"(6절). 구약에서 선하심(토브)과 인자하심(헤쎄드)이 같이 사용된 것은 본문뿐인데 이는 다윗이 의도적으로 그렇게 한 것으로 이해하고 싶습니다. 너무나 감격스럽습니다! 과연 여호와의 선하심과 인자하심은 과거에 우리가 체험했듯이 그리고 우리가 현재에 체험하고 있듯이 미래에도 변함없이 우리를 따를 것입니다.

과연 여호와께서는 이 연단 과정을 통과한 자신의 종 엘리야를 광야에 내버려두지 않으시고 다시금 그에게 세 가지 귀중한 사역을 맡기셨습니다.

열왕기상 19:15-16 "₁₅… 다메섹에 가서 이르거든 하사
엘에게 기름을 부어 아람의 왕이 되게 하고 ₁₆너는 또 님
시의 아들 예후에게 기름을 부어 이스라엘의 왕이 되게
하고 또 아벨므홀라 사밧의 아들 엘리사에게 기름을 부
어 너를 대신하여 선지자가 되게 하라"

이 말씀의 성취는 후에 엘리사를 통해 이루어지는데 놀라
운 사실은 선지자인 엘리야가 후임자에게 기름을 부어 후계자
로 세운다는 점입니다(왕하 2:9,15). 그리고 역시 선지자 엘리
사가 우상숭배 타파를 위해 예후에게 기름을 부어 이스라엘의
왕으로 세운다는 점입니다(왕하 9:1-6). 더욱 특이한 것은 이스
라엘의 선지자인 엘리사가 이국 아람사람 하사엘에게 기름을
부어 왕이 되게 한다는 점입니다(왕하 8:13-15). 이러한 사역들
은 구약 역사에서 전무후무한 것이었습니다. 여호와께서는 결
국 엘리야를 불수레와 불말들로 하늘로 데려가셨습니다(왕하
2:11). 불수레를 타고 올라가면서 그릿 시냇가, 시돈의 사르
밧, 갈멜 산 그리고 호렙 산을 내려다본 엘리야의 감회가 컸을
것이라고 생각해 봅니다. 그리고 엘리야는 그에게 맡기신 사
역을 완수할 수 있도록 은혜를 베푸신 하나님 여호와께 무한
한 영광과 존귀를 올려 드렸을 것입니다. 참으로 그의 삶은 초
지일관 "나의 하나님은 여호와이시다"이었습니다!
  우리의 기도의 제목도 이와 같아야 하겠습니다.

1 여호와께서 회오리 바람으로 엘리야를 하늘로 올리고자 하실 때에 엘리
야가 엘리사와 더불어 길갈에서 나가더니 2 엘리야가 엘리사에게 이르되
청하건대 너는 여기 머물라 여호와께서 나를 벧엘로 보내시느니라 하니 엘
리사가 이르되 여호와께서 살아 계심과 당신의 영혼이 살아 있음을 두고
맹세하노니 내가 당신을 떠나지 아니하겠나이다 하는지라 이에 두 사람이
벧엘로 내려가니 3 벧엘에 있는 선지자의 제자들이 엘리사에게로 나아와
그에게 이르되 여호와께서 오늘 당신의 선생을 당신의 머리 위로 데려가실
줄을 아시나이까 하니 이르되 나도 또한 아노니 너희는 잠잠하라 하니라
4 엘리야가 그에게 이르되 엘리사야 청하건대 너는 여기 머물라 여호와께
서 나를 여리고로 보내시느니라 엘리사가 이르되 여호와께서 살아 계심과
당신의 영혼이 살아 있음을 두고 맹세하노니 내가 당신을 떠나지 아니하겠
나이다 하니라 그들이 여리고에 이르매 5 여리고에 있는 선지자의 제자들
이 엘리사에게 나아와 이르되 여호와께서 오늘 당신의 선생을 당신의 머리
위로 데려가실 줄을 아시나이까 하니 엘리사가 이르되 나도 아노니 너희는
잠잠하라 6 엘리야가 또 엘리사에게 이르되 청하건대 너는 여기 머물라 여
호와께서 나를 요단으로 보내시느니라 하니 그가 이르되 여호와께서 살아
계심과 당신의 영혼이 살아 있음을 두고 맹세하노니 내가 당신을 떠나지
아니하겠나이다 하는지라 이에 두 사람이 가니라 7 선지자의 제자 오십 명
이 가서 멀리 서서 바라보매 그 두 사람이 요단 가에 서 있더니 8 엘리야가
겉옷을 가지고 말아 물을 치매 물이 이리 저리 갈라지고 두 사람이 마른 땅
위로 건너더라 9 건너매 엘리야가 엘리사에게 이르되 나를 네게서 데려감
을 당하기 전에 내가 네게 어떻게 할지를 구하라 엘리사가 이르되 당신의
성령이 하시는 역사가 갑절이나 내게 있게 하소서 하는지라 10 이르되 네가
어려운 일을 구하는도다 그러나 나를 네게서 데려가시는 것을 네가 보면
그 일이 네게 이루어지려니와 그렇지 아니하면 이루어지지 아니하리라 하
고 11 두 사람이 길을 가며 말하더니 불수레와 불말들이 두 사람을 갈라놓
고 엘리야가 회오리 바람으로 하늘로 올라가더라

갑절의 영감

남쪽 유다와 북쪽 이스라엘이 분열한 이후 북쪽 이스라엘 왕국을 건설한 여로보암은 예루살렘의 합법적 성전과 아론의 제사장직 그리고 모세의 율법을 무시한 채 단과 벧엘에 금송아지 우상을 세워 백성들을 미혹하였습니다. 북쪽 이스라엘이 멸망한 이유를 "여로보암의 모든 죄," "여로보암의 집의 죄," "여로보암의 모든 길로 행함" 때문이었다고 성경은 밝혀줍니다(왕상 13:33-34; 호 8:4). 결국 북 왕국 이스라엘은 주전 722년 호세아 왕의 통치를 최후로 앗수르에 의해 역사에서 자취를 감추고 말았습니다. 엘리사의 사역은 바알 종교를 이스라엘의 국교로 만들려 했고, 바알 종교의 전도사라고까지 불리는 아합과 이세벨의 아들 아하스가 통치한 시기(주전 853-852년)에 시작되었습니다. 아하스 왕은 자식이 없이 2년간 통치하고

사망하였는데 그의 악정에 관해서 성경은 다음과 같이 서술
합니다.

열왕기상 22:52-53 "52그가 여호와 앞에서 악을 행하여
그의 아버지의 길과 그의 어머니의 길과 이스라엘에게
범죄하게 한 느밧의 아들 여로보암의 길로 행하며 53바
알을 섬겨 그에게 예배하여 이스라엘의 하나님 여호와
를 노하시게 하기를 그의 아버지의 온갖 행위 같이 하였
더라"

이 말씀은 아하스 왕의 부모가 국교로 지정하려고 전파한
바알 종교는 여전히 뿌리가 제거되지 않았음을 여실히 보여줍
니다. 아하스는 아들이 없어 그의 동생 여호람이 후계자가 되
어 12년을 통치하였습니다(주전 852-841년. 왕하 3:1). 비록 여
호람 왕이 한때는 아버지가 만든 주상을 파괴한 일이 있기는
하였으나 역시 아버지의 전철을 되풀이할 뿐이었습니다.

열왕기하 3:2-3 "2그가 여호와 보시기에 악을 행하였으
나 그의 부모와 같이 하지는 아니하였으니 이는 그가 그
의 아버지가 만든 바알의 주상을 없이하였음이라 3그러
나 그가 느밧의 아들 여로보암이 이스라엘에게 범하게
한 그 죄를 따라 행하고 떠나지 아니하였더라"

　　비록 그의 후계자 예후 왕에 의해 아합과 관련된 자들과 바알을 섬기는 자들이 살해되었으나 성경은 "그러나 예후가 전심으로 이스라엘 하나님 여호와의 율법을 지켜 행하지 아니함으로 여로보암이 이스라엘에게 범하게 한 그 죄에서 떠나지 아니하였더라"(왕하 10:31)라고 알려 주십니다. 따라서 에드워드 영(E.J.Young)은 "예후는 자신에게 가장 만족하게 하는 방식으로 하나님께 순종하는 유형의 인물이었다"라고 혹평하였습니다.

　　선민 이스라엘 백성의 신앙의 여정을 볼 때에 마치 예수님께서 3년간의 성역을 시작하시기 전에 40일 금식을 하신 후에 사탄이 제공하는 세상의 부귀영화의 유혹에 직면하게 된 것과 유사한 점이 있습니다. 그들도 광야 40년의 연단을 통과한 후 시내 산 언약을 통해 하나님의 소유, 제사장 나라 그리고 거룩한 백성(출 19:5-6)의 신분으로 가나안 땅에 진입하였으나 가나안의 풍요와 다산(多産)을 상징하는 바알 종교의 유혹에 직면한 것입니다. 그런데 이 시험을 이기신 예수님과는 달리 이스라엘 백성은 가나안의 우상에게 매혹되어 범죄하였습니다. 선민의 지도자들과 백성이 여호와 대신 우상을 섬겨 타락하였음에도 불구하고 언약에 신실하신 여호와 하나님께서는 긍휼히 여기시어 오히려 선지자 엘리야와 엘리사를 통해 남방 유다 왕국에는 없는 선지 학교를 세워 주셨습니다. 아마도 엘리야가 이 일을 길갈과 벧엘 그리고 여리고에서 시작하였는데 후에 엘리사가 이어 받은 것으로 보입니다. 엘리사의 목적은 헌신되고 훈련을 받은 젊은이들로 하여금 엘리야가 물려준 사역을 감당하도록 하는 데에 있었습니다. 선지자로 사명을 받은 엘리사의 사역을 통하여 주시는 메시지가 우리 사역에 활력을 제공하는 동기가 되기 바랍니다.

1. 엘리사는 지명하여 소명을 받은 확신이 있는 사역자이었습니다(왕상 19:16-19).

엘리사의 소명은 다른 선지자들과는 달리 특이한 점들이 있습니다. 여호와께서는 선민이 가나안에 들어가서 거주할 때에 주민들의 아홉 가지 가증한 행위를 하는 자들 곧 자녀를 불 가운데로 지나가게 하는 자, 점쟁이나 길흉을 말하는 자, 요술하는 자나 무당, 진언자나 신접자나 박수나 초혼자들을 용납하지 말 것을 명령하셨습니다(신 18:10- 11). 그리고는 5절과 18절에서 여호와께서 친히 선지자를 세우시겠다고 말씀하셨습니다.

신명기 18:15-18 "15네 하나님 여호와께서 너희 가운데 네 형제 중에서 너를 위하여 나와 같은 선지자 하나를 일으키시리니 너희는 그의 말을 들을지니라 … 18내가 그들의 형제 중에서 너와 같은 선지자 하나를 그들을 위

하여 일으키고 내 말을 그 입에 두리니 내가 그에게 명
령하는 것을 그가 무리에게 다 말하리라"

따라서 반게메렌(W.A.VanGemeren)에 의하면 선지자는 하
나님의 부르심을 받고, 성령의 능력을 힘입고, 하나님의 대변
자로서의 권한과 계시를 받아 하나님의 양 떼를 치는 선한 목
자이고 또한 하나님의 말씀과 맡은 임무를 이적에 의해 드러
내 보이는 이스라엘 사람이라고 옳게 정의하였습니다. 모세의
후계자는 여호수아였고 그 후에는 사무엘이 사사시대와 왕정
시대를 연결하는 선지자이었습니다. 왕정시대에 들어선 남쪽
유다와 북쪽 이스라엘의 선지자들은 대부분 각각 하나님으로
부터 선지자의 은사를 받아 사명을 감당하였습니다. 그리고
간혹 이사야, 아모스, 예레미야 등이 하나님으로부터 소명을
받을 때에 보여준 반응에 대한 간략한 서술이 있기는 합니다.
하지만 엘리사처럼 선임 선지자로부터 기름 부음을 받아 선지
자직을 직접 이어받게 될 때의 상황을 상세하게 기록한 예는
구약성경에 없었습니다.

열왕기상 19:16,19-20 "16너는 … 엘리사에게 기름을
부어 너를 대신하여 선지자가 되게 하라 … 19엘리야가
… 사밧의 아들 엘리사를 만나니 그가 열두 겨릿 소를
앞세우고 밭을 가는데 자기는 열두 째 겨릿소와 함께 있

더라 엘리야가 그리로 건너가서 겉옷을 그의 위에 던졌
더니 20그가 소를 버리고 엘리야에게로 달려가서 이르되
청하건대 나로 내 부모와 입맞추게 하소서 그러한 후에
내가 당신을 따르리이다 엘리야가 그에게 이르되 돌아
가라 내가 네게 어떻게 행하였느냐 하니라"

이러한 선지자의 계승을 고려할 때에 북방 이스라엘에서
모세를 선지자로 인정하는 전통이 있었다고 생각하는 견해(로
버트 캐롤)도 나올 법합니다. 북방 이스라엘의 선지자 호세아
는 12:13에서 "여호와께서는 한 선지자로 이스라엘을 애굽에
서 인도하여 내셨고 이스라엘이 한 선지자로 보호 받았거늘"
이라고 말하였습니다.

2. 엘리사는 훈련받고 준비된 충성스러운 일꾼이었습니다.

엘리사가 소 열두 겨리를 소유한 것으로 보아 부유한 가정
출신인 것이 분명합니다. 엘리사는 처음 만나는 선지자 엘리
야가 현재 어떤 처지에 놓여 있는지 그리고 만일 그를 따를 경
우 자신에게 미칠 손익을 자세히 따져볼 필요가 있었을 것입
니다. 그런데도 그는 전혀 주저함이 없이 엘리야의 부름에 순
응하였다고 합니다. 그뿐만 아니라 엘리사는 세상적 부귀와
향락에 안주하던 과거를 철저히 청산하고 작별한다는 사실을

공식적으로 들어낼 정도로 그의 결단력은 결연하였습니다. 엘리사는 자신의 성장 배경과 현재의 처지를 고려할 때에 엘리야의 사역에 어떤 역할을 할 수 있을 것인가 또는 무슨 쓸모가 있겠는가를 염려하거나 위축되지 않고 모든 것을 철저히 정리하고 그를 따랐다고 합니다. 그의 이러한 단순성과 순수성 그리고 결단성은 여호와께 사역자로 쓰임을 받기에 너무나도 적합하다고 말하지 않을 수 없습니다. 이것은 전적으로 은혜로 우신 여호와의 강권적 소명의 결과이었습니다. 이제 엘리사는 더 이상 한 가정을 위한 곡식을 거두는 일이 아니라 하나님의 나라를 위한 곡식을 추수하는 성역에 쓰임 받게 된 것입니다.

> **열왕기상 19:20-21** "20그가 소를 버리고 엘리야에게로 달려가서 이르되 나를 내 부모와 입맞추게 하소서 그리한 후에 내가 당신을 따르리이다 … 21엘리사가 그를 떠나 돌아가서 한 겨릿 소를 가져다가 잡고 소의 가구를 불살라 그 고기를 삶아 백성에게 주어 먹게 하고 일어나 엘리야를 따르며 수종 들었더라"

어떤 인물이 하나님의 참된 사역자인가? 그는 항상 주님께서 기뻐하시는 뜻이 무엇인가를 우선시하며 그 뜻에 전적으로 순종하는 인물일 것입니다. 사역자는 예수님께서 "나의 원대로 마시옵고 아버지의 원대로 하옵소서"(마 26: 39)라고 말씀하

시고 그 뜻에 순종하여 십자가를 지심으로 우리에게 보여주신
모범을 본받아야 할 것입니다. 19:20에는 불변화사(不變化詞)
나("하소서, 제발, 부디")라는 간절함이 담겨 있습니다. 그리고
21절의 "따르며 수종 들었더라"(*할라크 아하레*. "… 뒤를 걸어가
다" "…를 따라가다" "…를 신봉하다")를 예루살렘성경은 "그의 종
이 되었다"로 번역하였습니다. 그러면 대단한 희생을 하여 결
단한 엘리사의 사역은 무엇이었는가? 열왕기하 3:11에서 그
를 "전에 엘리야의 손에 물을 붓던 사밧의 아들 엘리사"라고
하였습니다(여호람의 신하가 여호사밧에게 말함). 전에 "부었다"
는 전에 "붓곤 하였다"(*야짜크*)로 개역하는 것이 옳을 것입니
다. 이는 엘리야가 식사를 한 후에 손을 씻을 수 있도록 물을
붓는 일 곧 "종"(모팟역)으로서 상전을 섬기는 사역입니다. 비
록 이 일이 인간적으로는 천하고 인정을 받지 못하는 일인 동
시에 전망이 없어 허송세월을 하는 것처럼 여겨질지 모릅니
다. 그러나 엘리사에게는 이것이 바로 여호와께서 기뻐하시는
일이라는 확신이 있었습니다. 엘리사는 엘리야를 이렇게 섬기
는 일이 여호와께서 자신에게 허락하신 은혜의 분량과 한계임
을 알고 이에 만족하는 참으로 존경스러운 종이었습니다. 제
가 항상 마음 속에 귀하게 간직하고 있는 성구들을 나누고 싶
습니다.

로마서 12:3 "내게 주신 은혜로 말미암아 너희 각 사람

에게 말하노니 마땅히 생각할 그 이상의 생각을 품지 말
고 오직 하나님께서 우리에게 나누어 주신 믿음의 분량
대로 지혜롭게 생각하라"

고린도후서 10:13 "그러나 우리는 분수 이상의 자랑을
하지 않고 오직 하나님이 우리에게 나누어 주신 그 범위
의 한계를 따라 하노니 곧 너희에게까지 이른 것이라"

에베소서 4:7 "우리 각 사람에게 그리스도의 선물의 분
량대로 은혜를 주셨나니"

이렇게 생각할 때에 엘리사야말로 대단한 신앙의 소유자이
었음을 알게 됩니다. 유대인의 전통(Berakhoth 7b)에서도 선생
의 제자가 되는 것보다 선생을 섬기는 것이 더욱 칭찬할 만하
다고 하며 엘리사의 충성심을 높이 평가하였습니다. 엘리사
에게 있어서 엘리야의 손 씻을 물을 붓는 일이야 말로 예수님
께서 말씀하신 대로 그에게 있어서 "밭에 감춰진 보화"이었습
니다!

마태복음 13:44 "천국은 마치 밭에 감추인 보화와 같으
니 사람이 이를 발견한 후 숨겨 두고 기뻐하며 돌아가서
자기의 소유를 다 팔아 그 밭을 사느니라"

엘리사의 확고부동한 결심은 엘리야가 승천하기 전 그와 나눈 대화에서도 드러납니다. 엘리야는 세 번이나 엘리사에게 말하기를 "청하건대 너는 여기 머물라 여호와께서 나를 벧엘로, 여리고로, 요단으로 보내시느니라"라고 하였을 때에 엘리사도 세 번 되풀이하여 "여호와께서 살아 계심과 당신의 영혼이 살아 있음을 두고 맹세하노니 내가 당신을 떠나지 아니하겠나이다"라고 대답하였습니다. 엘리야는 더 이상 그를 만류할 수 없음을 알고 "나를 네게서 데려감을 당하기 전에 내가 네게 어떻게 할지를 구하라"라고 하며 그의 요청을 들어주기로 하였습니다. 그러자 놀랍게도 엘리야는 엘리사로부터 전혀 예상하지 못한 "어려운 일"로 여겨지는 요구를 듣게 되었습니다.

> **열왕기하 2:9하** "당신의 성령이 하시는 역사가 갑절이나 내게 있게 하소서"(*비이히-나 피-슈나임* **베루하카** *엘라이*)

엘리사의 간구는 불변화사(不變化詞) *나*("제발, 부디")를 사용할 정도로 너무나도 간절하였습니다. 그리고 그의 간구의 핵심은 엘리야가 하나님께로부터 받은 예언은사인 성령에 있었음이 그 본질을 가리키는 전치사 *베*("… 안에서")에 의하여 나타납니다. 그러므로 일본신개역 2017은 이 전치사를 "중에서"로 이해하여 "당신의 영 중에서"로 옮겼습니다. 엘리사에게 있어서 영적 아버지인 엘리야가 더 이상 함께 하며 바알 종교와의 영적 투쟁에서 사면초과에 놓인 자신에게 지도편달을 하여주지 못하고 지상에서 떠나게 되니 너무나 다급하여 이런 간청을 한 것입니다. 그의 간구의 내용은 하나님 앞에서 겸비한 마음으로 영적 스승을 지극히 존중히 여기는 선임자에 대한 후임자의 모범적 자세에서 우러나온 것이므로 한국교계가 이를 본받아야 할 것으로 여겨집니다. 카일(C.F.Keil)은 이에 대해 다음과 같이 적절하게 이해하였습니다. 엘리사는 자신을 엘리야의 다른 "선지자의 생도들(아들들)"보다는 장자라고 여겼습니다. 엘리사는 엘리야가 하나님의 명령에 의해 자신을 그의 후계자로 삼아 그의 사역을 이어가도록 하였으니 말입니다. 엘리야가 회오리바람으로 하늘로 올라가는 것을 두 눈으로 직접 목격한 엘리사는 너무나도 안타까워 "내 아버지여 내 아버지여 이스라엘의 병거와 그 마병이여"(12절)라고 외쳤습니다. 과연 엘리야는 엘리사에게 뿐만 아니라 북방 이스라엘 왕국에게 어떤 분이셨는가를 이 부르짖음을 통해 잘 알 수 있습니다. 학계의 일각에서는 만일 엘리야가 없었다면 이스라엘의 여호와 종교는 바알 종교와의 싸움에서 버티기 어려웠을 것이라는 견해(해롤드 로울리)가 있을 정도로 그는 그러한 칭호를 받고도 남을 영적 지도자이었습니다. 따라서 엘리야의 승천은 엘리사에게 있어서 아버지를 잃는 슬픔과 천군만마를 잃

는 듯한 두려움을 안겨주었을 것입니다. 비크(M.A.Beek)는 엘
리사가 이렇게 고백한 것은 여호와께서 엘리야를 통해 말씀하
실 때에 엘리야가 하는 말이 병거들과 군마들의 군대와 같이
강력하였기 때문이라고 역설합니다.

엘리사의 고백을 다른 각도에서 즉 엘리야가 엘리사에게
미친 영향이 어떠하였는가라는 각도에서 생각해 보는 것이 우
리에게 도움이 될 것으로 생각합니다. 사도 바울도 믿음으로
키운 디모데와 디도 그리고 오네시모를 "아들"이라고 불렀습
니다.

"내가 주 안에서 내 사랑하고 신실한 아들 디모데"
 (고전 4:17);
"아들 디모데야"(딤전 1:18);
"사랑하는 아들 디모데(딤후 1:2)"; "내 아들아"(딤후 2:1)
"같은 믿음을 따라 나의 참 아들 된 디도"(딛 1:4)
"갇힌 중에서 낳은 아들 오네시모"(몬 1:10)

이제 엘리사는 어떻게 생명의 위협을 무릅쓰며 여호와께
충성한 엘리야가 자신 앞에 나타나 여호와를 위한 사역에로
초청하는 그 음성을 들었을 때에 그가 이 부름에 주저 없이 순
응하였는지를 우리가 이해하게 되었습니다. 그가 엘리야로부
터 받은 첫 인상뿐만 아니라 그 이후 엘리야의 손을 씻을 물을

부어주며 시중든 기간 내내 그에게서 발견한 선지자상이 어떠하였는가라는 측면에서 엘리사를 생각하지 않을 수 없습니다. 우리가 사는 동안 많은 사람을 대하게 되는데 상대의 사람 됨됨을 잘 이해할 수 있는 길 중의 중요한 하나는 그 상대의 밑에 처해 보는 것입니다. 저는 만주에서 태어나 어린 시절에 홀로 한국에 왔기에 늘 남의 집에 얹혀서 살았고 특히 대학생시절에는 있을 곳이 없어 고아원에서 일하며 고학을 하였습니다. 그리고 대학교 3학년 때에 은혜를 받아 연로하신 부모님을 모시고 충현교회의 사찰로 일을 하였고, 아버지께서 소천하신 후인 1957년에 대학을 졸업하고 곧 신학교에 입학하여 박윤선 목사님으로부터 경건과 신학의 가르침을 받았습니다. 재학 중에 군에 입대하였고 제대 후인 1962년에 신학교 졸업을 하지 못하고 미국 유학길에 오르게 되었습니다. 1974년에 귀국하여 신학교 교수가 되기까지 저의 믿음의 아버지이신 고 김창인 목사님께서 저를 키워주셨습니다. 유학을 위한 재정보증을 서 주신 집사님, 홀로 계시는 어머님을 가족처럼 모셔주신 장로님, 어려울 때에 늘 도움을 주신 어머니와 같은 권사님들, 그 밖에도 여러 모양으로 위로와 격려를 아끼지 않으신 믿음의 형제자매님들 그리고 유학시절에 도움을 주신 고마운 미국인 성도님들이 아니었으면 오늘의 제가 있을 수 없었을 것입니다. 특히 스승이셨던 고 박윤선 목사님은 제게 있어서는 내 아버지시고 한국 보수주의 진영의 병거와 마병이셨습니다.

이제 과거를 회상해 보면 하나님께서는 사람들을 사용하셔서 자신의 뜻을 이루시는데 안타깝게도 이 사실을 많은 이들이 놓치므로 대인관계에 있어서 만사를 주께 하듯 하지 못하여 소홀히 하고 있는 것이 아닌지 우려가 됩니다. 남을 나보다 더 높이고 귀히 여겨 그를 돕지 않는다면 그 누구도 하나님께서 어떤 인물을 통해 자신의 뜻을 이루시고자 하실 때에 쓰임을 받기 어려울 것입니다. 우리는 임금의 왼 편에 있는 자들이 한탄하며 왕에게 아뢴 말을 마음 깊이 새겨야 하겠습니다.

"주여 우리가 어느 때에 주께서 주리신 것이나 목마르신 것이나 나그네 되신 것이나 헐벗은 것이나 병드신 것이나 옥에 갇히신 것을 보고 공양하지 아니하더이까"(마 25:44)

저는 지금도 제게 도움을 주신 분들을 잊지 못하여 주님께서 그분들과 그분들의 자녀들에게 복을 내려주시기를 기도 중에 기억하고 있습니다. 그리고 지난 20년 동안 남포교회의 일원으로 신앙생활을 하며 박영선 목사님, 최태준 목사님 그리고 장로님들의 사랑을 받은 것을 감사한 마음으로 기억하고 있습니다. 인간적으로 볼 때에는 손을 씻을 물을 붓는 것이 천한 일로 보일지 모르나 주님의 일에 어찌 귀천이 있을 수 있겠습니까? 교회에서도 높은 자리는 오직 머리가 되신 예수 그리스도께서 앉으시는 자리뿐입니다! 박윤선 목사님은 엘리사에 대해 아래와 같이 평가하셨습니다. ⑴ 끝까지 스승을 따라감 (2,4,6절). ⑵ 스승이 받은 성령의 은혜를 사모함(9절). ⑶ 그 스승의 하나님을 그대로 섬기며 바라보며 찾음(14절). ⑷ 그는 시종일관 엘리야의 신앙 노선을 지켰고 엘리야의 할 일을 이어 마쳤다. 우리도 엘리사처럼 선진들의 신앙을 본받아 그분들이 남긴 귀한 신앙유산을 우리의 후예들에게 전수하는 임무를 성실히 감당해야 하겠습니다.

주님의 사역자가 어찌 다섯 달란트를 맡는 일만 하겠다고 고집을 해서야 되겠습니까? 사역의 분량과 한계는 오직 주님께서 정하시는 것임을 우리는 잊지 말아야 하겠습니다. 바울이 다메섹 도상에서 회심했을 때에 그는 초보 크리스천이었습니다. 그래서 그는 초보신자답게 아니 섬기는 종답게 주님 되시는 예수님께 그가 할 일이 무엇인지를 알려 주시기를 간구하였습니다.

사도행전 22:10 "내가 이르되 주님 무엇을 하리이까 주께서 이르시되 일어나 다메섹으로 들어가라 네가 해야 할 모든 것을 거기서 누가 이르리라 하시거늘"

바울의 입에서 생전 처음으로 나사렛 예수를 메시아로 인정하여 "주님"이라고 고백을 한 것입니다. 헬라어를 히브리어로 번역한 델리취(F.Delitzsch)는 "주님 무엇을 하리이까?"를

"주님 내가 무엇을 하기를 원하십니까/기뻐하십니까"(*mah-tahpoṣ we'e'eseh*)로 번역하였습니다. 칼빈(J. Calvin)은 이것이 길들여진 사람의 부르짖음이라고 이해합니다. 그것은 주님께로의 진정한 회심인데 그럴 때에야 우리의 모든 광포함을 내버리고 자유롭게 그분의 멍에에 우리의 목을 들이대게 되며 그분이 무엇이든 명령하시는 바를 착수하게 된다고 칼빈은 역설합니다. 이렇게 어린 아이와 같은 순진한 자세로 주인 되신 하나님께 의존할 때에 그것이 어떤 종류의 사역이든지 간에 풍성한 결실을 하게 되는 것입니다. 이 일이 바로 엘리사가 성실하게 감당한 엘리야의 손에 물을 붓는 사역이었습니다!

3. 엘리사는 시대적 요청에 부응하여 섬긴 사역자이었습니다.

영적 스승인 엘리야를 떠나보내면서 엘리사가 간곡히 아뢴 소원을 여호와께서 외면하시지 않고 응답하여 주셨습니다.

열왕기하 2:12-14 "12… 다시 보이지 아니하는지라 이에 엘리사가 자기의 옷을 잡아 둘로 찢고 13엘리야의 몸에서 떨어진 겉옷을 주워 가지고 돌아와 요단 언덕에 서서 14엘리야의 몸에서 떨어진 그의 겉옷을 가지고 물을 치며 이르되 엘리야의 하나님 여호와는 어디 계시나이까하고 그도 물을 치매 물이 이리 저리 갈라지고 엘리사가 건너니라"

엘리사가 엘리야로부터 이어받은 사역지의 상황은 여전히 지속되는 바알 종교의 끈질긴 저항, 수리아와 앗수르의 외압 그리고 이로 인한 민생고 등으로 인하여 사역하는 데에 어려움이 많았습니다. 심지어 그의 사역 말기에는 이세벨의 딸인 아달리아(주전 842-836년)가 남쪽 유다 왕국을 통치하는 동안 거기에서 바알 종교가 회생할 정도이었습니다. 따라서 여호와께서는 엘리사에게 그 어느 선지자보다도 많은 이적을 행하게 하셨는데 그 내용을 열왕기하 2-13장에서 찾아볼 수 있습니다.

(1) 요단 물을 가름(왕하 2:13,14); (2) 여리고의 수원(水源)을 정화함(2:19-22); (3) 조롱하는 소년들을 저주함(2:23,24); (4) 세 왕에게 물을 공급함(3:1-27); (5) 과부에게 기름을 제공함(4:1-7); (6) 수넴 여인의 아들을 살림(4:8-37); (7) 독 있는 음식을 해독함(4:38-40); (8) 보리떡과 채소를 무리에게 풍성하게 줌(4:42-44); (9) 나아만이 고침을 받음(5:1-27); (10) 쇠도끼를 찾아줌(6:1-7); (11) 여호람에게 조언함(6:8-12); (12) 도단에서 행한 이적(6:13-23); (13) 사마리아의 굶주림과 풍성한 식량(6:24-7:20); (14) 수넴 여인의 땅을 찾아줌(8:1-6); (15) 엘리사와 하사엘(8:7-15); (16) 예후에게 기름을 부음

(9:1-3); ⑰ 엘리사와 여호아스(13:14-19); ⑱ 죽은 자가 그의 시체와 접촉하여 살아남(13:20,21).

레온 우드(L.Wood)는 하나님께서 엘리야와 엘리사가 선지자들 중에서 많은 이적들을 행하게 하신 데에는 특별한 뜻이 계셨다고 생각합니다. 그들의 시대적 배경을 고려할 때에 하나님께서는 그들로 하여금 이러한 이적들을 행하게 함을 통해 그들이 하나님의 참된 선지자들로 입증되어 그들의 메시지가 신뢰되기를 원하셨다는 것입니다. 이 이적들이 그들의 자격증이었다는 것입니다. 한국교회 역사에서도 여러 가지 은사를 하나님으로부터 받은 사역자들이 있었습니다. 하지만 어떤 분들은 분에 넘치는 은사를 받았음에도 불구하고 시간이 지나면서 교만하여 탈선하거나 이단으로까지 빠지는 경우가 종종 있었습니다. 하지만 엘리사는 그렇지가 않았습니다. 농민이었던 자신이 감히 여호와의 선지자의 손에 물을 붓는 일 곧 사람들에게는 허드렛일과 같이 보일 수도 있는 그러한 사역을 감사한 마음으로 잘 감당하였습니다. 더욱이 그러한 처지에 있던 자신이 갑절의 영감을 받아 스승의 후계자가 되어 여호와의 종이라는 자격증까지 받았으니 그에게 있어서 이적들은 참으로 "여호와가 구원하신다"라는 자신의 이름 '엘리사'에 부합한 사명을 감당하라고 주신 여호와의 은사임에 틀림이 없었습니다. 이제 그의 여생은 오로지 여호와께서 그에게 요구하시는

이 시대적 사명을 온전히 감당하는 일에 매진하는 것뿐이었습
니다. 따라서 그는 우선 백성들의 신뢰를 구축하여 그들의 필
요가 무엇인지를 알기 위해 그들을 직접 찾아다닐 뿐만 아니
라 그들이 그를 찾아오므로 이를 해결할 수 있었습니다. 그의
이적들 중의 일부를 되새기면 아래와 같습니다.

(1) 여리고의 수원을 정화함

열왕기하 2:19-22 "19그 성읍 사람들이 엘리사에게 말
하되 우리 주인께서 보시는 바와 같이 이 성읍의 위치는
좋으나 물이 나쁘므로 토산이 익지 못하고 떨어지나이
다 20엘리사가 이르되 새 그릇에 소금을 담아 내게로 가
져오라 하매 곧 가져온지라 21엘리사가 물 근원으로 나
아가서 소금을 그 가운데에 던지며 이르되 여호와의 말
씀이 내가 이 물을 고쳤으니 이로부터 다시는 죽음이
나 열매 맺지 못함이 없을지니라 하셨느니라 하니 22그
물이 엘리사가 한 말과 같이 고쳐져서 오늘에 이르렀
더라"

(2) 과부에게 기름을 제공함

열왕기하 4:1-2 "1선지자의 제자들의 아내 중의 한 여

인이 엘리사에게 부르짖어 이르되 당신의 종 나의 남편
이 이미 죽었는데 … 이제 빚 준 사람이 와서 나의 두 아
이를 데려가 그의 종을 삼고자 하나이다 하니 2엘리사가
그에게 이르되 내가 너를 위하여 어떻게 하랴 네 집에
무엇이 있는지 내게 말하라 …"

(3) 수넴 여인의 아들을 살림

열왕기하 4:8-37 "8하루는 엘리사가 수넴에 이르렀더
니 거기에 한 귀한 여인이 그를 간권하여 음식을 먹게
하였으므로 엘리사가 그 곳을 지날 때마다 음식을 먹으
러 그리로 들어갔더라 9여인이 그의 남편에게 이르되 항
상 우리를 지나가는 이 사람은 하나님의 거룩한 사람인
줄을 내가 아노니 10청하건대 우리가 그를 위하여 작은
방을 담 위에 만들고 침상과 책상과 의자와 촛대를 두사
이다 그가 우리에게 이르면 거기에 머물리이다 하였더
라 … 13엘리사가 자기 사환에게 이르되 너는 그에게 이
르라 네가 이같이 우리를 위하여 세심한 배려를 하는도
다 내가 너를 위하여 무엇을 하랴 왕에게나 사령관에게
무슨 구할 것이 있느냐 하니… 14엘리사가 이르되 그러
면 그를 위하여 무엇을 하여야 할까 하니 게하시가 대답
하되 참으로 이 여인은 아들이 없고 그 남편은 늙었나이

다 하니 16엘리사가 이르되 한 해가 지나 이 때쯤에 네가
아들을 안으리라 … 18그 아이가 자라매 하루는 추수꾼
들에게 나가서 그의 아버지에게 이르렀더니 19그의 아버
지에게 이르되 내 머리야 내 머리야 하는지라 … 20곧 어
머니에게로 데려갔더니 낮까지 어머니의 무릎 위에 앉
아 있다가 죽은지라 … 36엘리사가 게하시를 불러 저 수
넴 여인을 불러오라 하니 곧 부르매 여인이 들어가니 엘
리사가 이르되 네 아들을 데리고 가라 하니라"

⑷ 독 있는 음식을 해독함

열왕기하 4:38-40 "38엘리사가 다시 길갈에 이르니 그
땅에 흉년이 들었는데 선지자의 제자들이 엘리사의 앞
에 앉은지라 엘리사가 자기 사환에게 이르되 큰 솥을 걸
고 선지자의 제자들을 위하여 국을 끓이라 하매 … 40이
에 퍼다가 무리에게 주어 먹게 하였더니 무리가 국을 먹
다가 그들이 외쳐 이르되 하나님의 사람이여 솥에 죽음
의 독이 있나이다 하고 능히 먹지 못하는지라 41엘리사
가 이르되 그러면 가루를 가져오라 하여 솥에 던지고 이
르되 퍼다가 무리에게 주어 먹게 하라 하매 이에 솥 가
운데 독이 없어지니라"

(5) 보리떡과 채소를 무리에게 풍성하게 줌

열왕기하 4:42-44 "42한 사람이 … 처음 만든 떡 곧 보리떡 이십 개와 또 자루에 담은 채소를 하나님의 사람에게 드린지라 그가 이르되 무리에게 주어 먹게 하라 43그 사람이 이르되 내가 어찌 이것을 백 명에게 주겠나이까 하나 엘리사는 또 이르되 무리에게 주어 먹게 하라 여호와의 말씀이 그들이 먹고 남으리라 하셨느니라 44그가 그들 앞에 주었더니 여호와께서 말씀하신 대로 먹고 남았더라"

(6) 쇠도끼를 찾아줌

열왕기하 6:1-7 "1선지자의 제자들이 엘리사에게 이르되 보소서 우리가 당신과 함께 거주하는 이 곳이 우리에게는 좁으니 2우리가 요단으로 가서 거기서 각각 한 재목을 가져다가 그 곳에 우리가 거주할 처소를 세우사이다 하니 엘리사가 이르되 가라 하는지라 3그 하나가 이르되 청하건대 당신도 종들과 함께 하소서 하니 엘리사가 이르되 내가 가리라 하고 4드디어 그들과 함께 가니라 무리가 요단에 이르러 나무를 베더니 5한 사람이 나무를 벨 때에 쇠도끼가 물에 떨어진지라 … 6… 엘리사

가 나뭇가지를 베어 물에 던져 쇠도끼를 떠오르게 하고
이르되 너는 그것을 집으라 …"

위에서 엘리사가 행한 이적들 중의 일부를 통해 그가 어떤
사역자이었는지를 우리가 알 수 있게 됩니다. 엘리사는 당시
의 권세 있는 자들로부터 뿐만 아니라 백성들로부터도 인정을
받은 선지자이었습니다. 따라서 유다 왕 여호사밧이 그를 "여
호와의 말씀이 그에게 있도다"(3:12)라고 말하였고, 수넴의 한
평범한 여인까지도 "이 사람은 하나님의 거룩한 사람인 줄을
내가 아노니"(4:9)라고 고백하였습니다. 엘리사 자신이 수넴
여인에게 "왕에게나 사령관에게 무슨 구할 것이 있느냐"(4:13)
라고 질문한 것을 보아 그의 영향력이 어떠하였는가를 짐작할
수 있습니다. 과연 그는 어떤 인물에게 기름을 부어 왕이 되게
할 수도 있었습니다. 그리고 적의 침략으로 나라가 위기에 처
하였을 때에 뛰어난 지략을 발휘하여 위기를 벗어날 수 있게
도 한 국가유공자이기도 하였습니다. 그런데도 이적들에 나타
난 그의 모습은 너무나 놀랍습니다. 성읍 사람들이 그에게 찾
아와서 도움을 청할 때가 있고(2:19), 가련한 과부의 간청을 들
을 때가 있고(4:1), 제자들과 동고동락하며 그들의 필요를 채
워주기도 하였습니다. 그는 항상 타인의 고충과 필요에 동정
심을 가지고 귀 기울이며 친히 다가가서 "내가 어떻게 하랴?"
"내가 너를 위하여 무엇을 할까?"라고 물으며 즉시 그들의 어

려움을 도와주었습니다. 엘리사는 위대한 선지자 엘리야 밑에서 수종을 들 수 있는 것도 감사한데 그의 후계자까지 되어 쓰임을 받게 된 것을 깊이 감사하여 다른 일에는 전혀 관심이 없고 다만 여호와께서 맡기신 시대적 사명을 감당하는 일에만 충성한 오늘날의 한국교회가 본을 받아야 할 모범적 선지자이었습니다.

이사야 37:14-20

14 히스기야가 그 사자들의 손에서 글을 받아 보고 여호와의 전에 올라가서 그 글을 여호와 앞에 펴 놓고 15 여호와께 기도하여 이르되 16 그룹 사이에 계신 이스라엘 하나님 만군의 여호와여 주는 천하 만국에 유일하신 하나님이시라 주께서 천지를 만드셨나이다 17 여호와여 귀를 기울여 들으시옵소서 여호와여 눈을 뜨고 보시옵소서 산헤립이 사람을 보내어 살아 계시는 하나님을 훼방한 모든 말을 들으시옵소서 18 여호와여 앗수르 왕들이 과연 열국과 그들의 땅을 황폐하게 하였고 19 그들의 신들을 불에 던졌사오나 그들은 신이 아니라 사람의 손으로 만든 것일 뿐이요 나무와 돌이라 그러므로 멸망을 당하였나이다 20 우리 하나님 여호와여 이제 우리를 그의 손에서 구원하사 천하 만국이 주만이 여호와이신 줄을 알게 하옵소서 하니라

히스기야의
응답 받는 기도

신구약 성경이 모두 66권으로 되어 있는 것처럼 이사야서는 66장으로 되어 있어서 일명 작은 성경 혹은 성경의 축소판이라고도 불립니다. 따라서 이사야서의 후반부인 40-66장의 스물일곱 장은 마치 신약의 복음서를 읽는 것과 같다는 평을 받기도 합니다. 구약성경에서 시편(150편) 다음으로 가장 긴 66장이나 되는 이사야서에는 다양한 내용이 수록되어 있습니다. 이 책에는 하나님의 계시의 말씀, 환상, 미래에 대한 예언, 메시아 예언, 기도의 응답, 감사 찬송 그리고 당시의 역사적 기록 등이 내포되어 있습니다. 본서에는 1:1이 밝힌 바와 같이 유다의 제10대 왕 웃시야, 제11대 왕 요담, 제12대 왕 아하스 그리고 제13대 왕 히스기야 시대에 이사야가 유다와 예루살렘에 관하여 본 계시가 수록되었습니다. 이사야는 유다의

웃시야 왕이 죽던 해에 소명을 받았다고 합니다(6:1 이하). 이
사야가 사역한 기간에는 앗수르의 왕 디글랏—빌레셀 3세(주
전 745-727년)와 살만에셀 5세(주전 726-722년)가 통치하며 유
다 백성들에게 큰 위협이 되었습니다. 하지만 그는 일생 동안
선민의 하나님은 자신의 이름이 가리키는 바와 같이 *예사야*
(혹은 *예사야후.* "여호와는 구원하신다")이며 이방인의 신은 "구원
하지 못하는 신"(*엘 로 요시야*)이라고 하여 구원하는 신이 참
신이고 구원하지 못하는 신은 우상이라고 선언하였습니다. 그
러면서 그는 한 평생을 "여호와의 말씀은 영원히 서리라"(사
40:8)고 선포하며 자신의 이름에 걸맞게 살았습니다.

> **이사야 45:20** "열방 중에서 피난한 자들아 너희는 모여
> 오라 함께 가까이 나아오라 나무 우상을 가지고 다니며
> 구원하지 못하는 신에게 기도하는 자들은 무지한 자들
> 이니라"

이사야는 본서에서 웃시야 왕(사 6:1), 요담 왕(사 1:1; 7:1)
그리고 므낫세 왕(사 9:21)에 대해서는 간략하게 언급하는 데
에서 그칩니다. 그런데 이사야는 아하스 왕(주전 736-728년)에
게는 이사야 7장인 한 장을 할애하는 반면에 히스기야 왕(주전
727-699년)에게는 장장 넉 장(사 36-39장)에 걸쳐 길게 소개하
고 있습니다. 역대기 기자도 아하스는 38장에서만 소개하는

데에 그쳤으나 히스기야는 29-32장에서 길게 다루고 있습니다. 이제 우리는 이사야서에 나타난 북방 아람의 르신 왕과 이스라엘의 베가 왕의 동맹군 및 앗수르의 침공을 받은 유다의 아하스 왕이 보여준 대응과 역시 앗수르의 침략을 받은 히스기야 왕이 보여준 반응을 통해 우리에게 주는 교훈을 받고자 합니다.

여호와를 저버린 아하스

그러면 먼저 아하스 왕의 반응이 우리에게 주는 메시지는 무엇인지 알아보도록 합시다. 아하스(아하즈)라는 이름의 뜻은 '소유자'입니다. 그는 남달리 선민 가운데에서도 왕족으로 태어났고 그 가운데에서도 유다왕국의 제12대 왕이 되는 축복의 소유자이었습니다. 따라서 그가 하나님의 마음에 맞는 성군 다윗(행 13:21-23)을 본받아야 했고 또한 후대의 국왕들에게도 모범이 되어야 마땅함은 말할 나위도 없습니다. 그런데 르신과 베가가 동맹하였다는 소식을 듣고 "왕의 마음과 백성의 마음이 숲이 바람에 흔들림 같이 흔들렸더라"(사 7:2)는 것입니다. 유다 왕의 마음이 공포에 사로잡혔다니 이게 말이 되는가? 라고 쉽게 단죄하는 일은 삼가야 할 것입니다. 히스기야 왕도 "앗수르의 왕 산혜립이 올라와서 유다 모든 견고한 성읍

들을 쳐서 점령"(왕하 18:13)하는 위협을 받았을 때에 "내가 범죄하였나이다 나를 떠나 돌아가소서 왕이 내게 지우시는 것을 내가 당하리이다"(14절)라고 고백한 일이 있었습니다.

왕인 아하스가 심히 두려워하였다고 함은 그도 연약한 인간이기에 자연스럽다고 생각해야 하겠습니다. 바울도 고린도전서 2:3에서 "내가 너희 가운데 거할 때에 약하고 두려워하여 심히 떨었노라"라고 고백한 적이 있었습니다. 그러나 문제는 이러한 위기에 선민의 왕이 어떤 결단을 내리는가에 있습니다. 하나님께서는 아하스 왕을 탓하지 않으시고 그에게 특별한 배려를 해주셨습니다. 본문 3절의 앞머리에 있는 접속사(와우)를 개역개정판은 "그 때에"라고 번역하였으나 새영어번역성경은 "그래서"라고 잘 옮겼습니다. 성경에서 그 어느 왕도 하나님의 선지자가 자신뿐만 아니라 그의 아들까지 동반하여 그를 방문하였다는 기사는 없습니다. 이러한 특혜를 입은 아하스는 히브리어가 모국어이었으니 하나님의 선지자가 "여호와는 구원하신다"라는 뜻의 이름을 지녔고 또한 스알야숩(쉐아르 야슈브) 곧 "남은 자가 돌아오리라"는 뜻을 지닌 그의 아들이 이 위기에 자신의 앞에 나타나는 놀라운 광경 앞에 지금 서 있는 것입니다. 스알야숩이라는 이름은 주어가 동사 앞에 도치되어 강조된 동사문장으로 "남은 자가 반드시 돌아오리라"라는 남은 자 사상을 내포하고 있습니다. 이토록 강력하고도 분명한 메시지를 내포하고 있는 두 인물이 눈앞에 나타났

는데도 그 때에 아하스 왕은 영안(靈眼)이 어두워서 두 인물의
이름이 상징하는 바를 깨닫지 못하였다고 하니 매우 안타깝습
니다. 하나님께서는 분명히 르신과 베가의 동맹으로 두려워하
는 아하스 왕에게 "이들은 두 부지깽이 그루터기에 불과하니
두려워하지 말며 낙심하지 말라"(사 7:4)고까지 하시며 그를 확
신시켜 주시려고 애쓰셨습니다. 그뿐만 아니라 "너는 네 하나
님 여호와께 한 징조를 구하되 깊은 데에서든지 높은 데에서
든지 구하라"(11절)라고 하시며 그에게 절호의 기회를 주셨습
니다. 그럼에도 불구하고 그는 끝까지 가증스럽게도 "나는
구하지 아니하겠나이다 나는 여호와를 시험하지 아니하겠나
이다"(12절)라는 구실로 이를 거절하고야 말았습니다. 어린 아
이도 두려울 때에는 부모를 의지하는 법인데 아하스 왕은 아
버지이신 하나님을 의지하지 않았다고 합니다. 그의 이러한
태도는 역대하 28:1 이하의 기록에 의하면 놀랄 바가 못 됩
니다.

역대하 28:1-6 "₁… 그의 조상 다윗과 같지 아니하여
여호와 보시기에 정직하게 행하지 아니하고 ₂이스라엘
왕들의 길로 행하여 바알들의 우상을 부어 만들고 ₃또
힌놈의 아들 골짜기에서 분향하고 여호와께서 이스라
엘 자손 앞에서 쫓아내신 이방 사람들의 가증한 일을 본
받아 그의 자녀들을 불사르고 ₄또 산당과 작은 산 위와

모든 푸른 나무 아래에서 제사를 드리며 분향하니라 ₅그
러므로 그의 하나님 여호와께서 그를 아람 왕의 손에 넘
기시매 … ₆이는 그의 조상들의 하나님 여호와를 버렸음
이라 …"

결국 그의 마음에는 하나님이 자리할 여지가 전혀 없었고
오히려 어리석게도 하나님보다는 이방 앗수르 왕 디글랏빌레
셀이 자신을 원수의 손에서 구원하여 줄 것이라는 생각에 사
로잡혀 있었습니다, 역대하 28:16에 그의 진면모를 "그 때에
아하스 왕이 앗수르 왕에게 사람을 보내어 도와주기를 구하였
으니"라는 표현으로 잘 드러내줍니다. 그의 어리석은 선택이
자신뿐만 아니라 온 국민까지 곤경에 빠지게 한 것을 성경은
아래와 같이 서술합니다.

역대하 28:20-23 "₂₀앗수르 왕 디글랏빌레셀이 그에게
이르렀으나 돕지 아니하고 도리어 그를 공격하였더라
₂₁아하스가 여호와의 전과 왕궁과 방백들의 집에서 재물
을 가져다가 앗수르 왕에게 주었으나 그에게 유익이 없
었더라 ₂₂이 아하스 왕이 곤고할 때에 더욱 여호와께 범
죄하여 ₂₃자기를 친 다메섹 신들에게 제사하여 이르되
아람 왕들의 신들이 그들을 도왔으니 나도 그 신에게 제
사하여 나를 돕게 하리라 하였으나 그 신이 아하스와 온

이스라엘을 망하게 하였더라"

23절의 개역개정판의 "망하게 하다"라는 말은 원문 *카샬*을 번역한 것인데, 이보다는 새영어번역성경과 일본신개역을 따라 "좌절하게 하였다"로 번역하는 것이 옳을 것으로 생각합니다. 왜냐하면 한 왕의 이러한 실책에 의해 유다 왕국이 역사의 장에서 막을 내린다는 듯한 인상을 주기 때문입니다. 비록 아하스가 여호와 보시기에 악을 행한 왕이었고 또한 북방의 침략자들이 그를 폐위하고 다브엘의 아들을 왕으로 세우려고 하였으나 은혜로우신 여호와께서는 "주 여호와의 말씀이 그 일은 서지 못하며 이루어지지 못하리라"(사 7:6-7)라고 하셨습니다. 그뿐만 아니라 여호와께서는 후에 그의 이름이 메시아의 계보에 오르기까지 하셨습니다(마 1:9).

여호와의 능력을 의지한 히스기야

아하스 왕의 아들 히스기야는 이십오 세에 왕이 되었는데 다윗의 모든 행위와 같이 여호와께서 보시기에 정직하게 행한(왕하 18:3) 유다의 왕으로 인정을 받은 성군이었습니다. 히스기야는 "여호와는 강하게 하신다"라는 자신의 이름에 걸맞은 일생을 살았는데 그에 대한 기록은 열왕기하 18:1-20:21;

역대하 29:1-32:33 그리고 이사야 36-39장에 나타납니다.
왕이 된 그는 부왕 아하스로부터 이어받은 우상숭배(왕하
16:10-18. "... 아람 왕의 신들이 그들을 도왔으니 나도 그 신에게 제
사하여 나를 돕게 하리라", 대하 28:23)로 인한 종교적 타락을 개
혁하고, 정치적으로도 앗수르의 압박으로 인하여 봉착한 난관
을 극복하는 데에 최선을 다하였습니다. 그런데 그는 앗수르
왕 산헤립이 재침략을 하였을 때에 받은 협박은 굳건한 믿음
이 없이는 도저히 감당할 수 없을 정도의 것이었습니다.

> **열왕기하 18:29-35** "₂₉··· 너희는 히스기야에게 속지 말
> 라 그가 너희를 내 손에서 건져내지 못하리라 ₃₀또한 히
> 스기야가 너희에게 여호와를 의뢰하라 함을 듣지 말라
> 그가 이르기를 여호와께서 반드시 우리를 건지실지라
> 이 성읍이 앗수르 왕의 손에 함락되지 아니하게 하시리
> 라 할지라도 ··· ₃₁··· 너희는 내게 항복하고 내게로 나아
> 오라 ···₃₃민족의 신들 중에 어느 한 신이 그의 땅을 앗수
> 르 왕의 손에서 건진 자가 있느냐"(참조 19:10).

이러한 위기에 처한 히스기야 왕은 앗수르 왕의 협박이 살
아계신 하나님을 비방하고 모욕한 것(19:4,6)이라는 사실을 깨
달았습니다. 이는 히스기야가 산헤립이 의지한 신이 하나의
우상에 불과하다고 취급하였음을 나타냅니다. 그리고 그는 즉

시 성전에 올라가서 여호와께 기도를 드렸다고 합니다. 이제
성경이 우리에게 전해주는 내용 곧 히스기야 왕이 위기에 처
하였을 때에 여호와께 드린 기도를 통하여 성경 말씀이 주시
는 교훈을 얻고자 합니다.

1. 그는 성전으로 올라가서 기도드렸습니다(왕하 19:14-15).

14-15절에 의하면 그가 "여호와의 성전에 올라가서 … 여
호와께 기도하여 이르되"라고 우리에게 알려줍니다. 히스기야
가 이러한 위기에 성전에 올라갈 수 있었던 것은 어떤 돌발적
충동에 의한 것이 아님을 그의 사역들이 밝혀줍니다. 히스기
야는 왕위에 오르자 우선 성전을 정화하고 보수하여 여호와를
경배하는 성소가 되게 하는 사역에 몰입하였습니다. 구약시대
선민들의 신앙생활은 성전 중심적이었다고 말해도 과언이
아닐 것입니다. 그들에게 있어서 성전은 여호와께서 친히 임
재하시는 거룩한 곳이었습니다. 성경은 이 사실을 여호와께
서 "내 이름을 거기에 두리라", "내 이름이 거기 있으리라"
그리고 "여호와께서 자기 이름을 거하게 하신다"로 표현하였
습니다.

(1) **"내 이름을 …에 두리라"**(*숨 쉐미 …*).

열왕기상 9:3 "나는 네가 건축한 이 성전을 거룩하게 구별하여 내 이름을 영원히 그 곳에 두며 내 눈길과 내 마음이 항상 거기에 있으리니"

열왕기상 11:36 "그의 아들에게는 내가 한 지파를 주어서 내가 거기에 내 이름을 두고자 하여 택한 성읍 예루살렘에서 내 종 다윗이 항상 내 앞에 등불을 가지고 있게 하리라"

신명기 14:24 "그러나 네 하나님 여호와께서 자기의 이름을 두시려고 택하신 곳이 네게서 너무 멀고 행로가 어려워서 네 하나님 여호와께서 그 풍부히 주신 것을 가지고 갈 수 없거든"

(2) **"내 이름이 거기 있으리라"**(*하야 쉐미 샴*).

열왕기상 8:16(원문),29 "주께서 전에 말씀하시기를 내 이름이 거기 있으리라 하신 곳 이 성전을 향하여 주의 눈이 주야로 보시오며 주의 종이 이 곳을 향하여 비는 기도를 들으시옵소서" 역시 역대하 6:5,6 참조(원문. 영어표준역).

(3) **"여호와께서 자기 이름을 거(居)하게 하시다"**(*쉬켄 쉐모*).

이 표현은 한글성경보다는 외국 역본들이 원문을 그대로 번역하였습니다.

신명기 12:11(새미국표준성경, 일본신개역2017); 14:23(일본신개역2017); 916:2,6,11(일본신개역2017); 느헤미야 1:9(새국제역본, 일본신개역20917); 예레미야 7:12(예루살렘성경, 새국제역본, 중국화합본, 중국신역본, 일본신개역2017).

신약선경에서 이와 유사한 "말씀이 거하다", "하나님의 처소, 하나님의 장막"이라는 구절들을 예로 들 수 있습니다(히브리어 *샤칸*과 헬라어의 *스케노오*의 동의성 참조).

요한복음 1:14 "말씀이 육신이 되어 우리 가운데 거하시매(*에스케노센*) 우리가 그의 영광을 보니 아버지의 독생자의 영광이요 은혜와 진리가 충만하더라"

사도행전 7:46 "다윗이 하나님 앞에서 은혜를 받아 야곱의 집을 위하여 하나님의 처소(*스케노마*)를 준비하게 하여 달라고 하더니"

계시록 21:3 "… 보라 하나님의 장막(*헤 스케네*)이 사람들과 함께 있으매 하나님이 그들과 함께 계시리니(*스케노세이*) 그들은 하나님의 백성이 되고 하나님은 친히 그들과 함께 계셔서"

성도는 위기에 처할 때에 아버지이신 하나님께 나아가게 되어 있습니다. 저와 아내도 미국에서 유학생으로 있을 때에 결혼하였고 첫 딸도 선물로 받았습니다. 학업을 마치고 귀국하려고 할 때에 여비가 없어서 기도를 드린 일이 있었습니다. 우리의 기도는 항상 간절하여야 하겠지만 특히 그때에는 너무나도 처량하고 다급하여 "하나님, 우리가 귀국하려는데 항공료가 없습니다!"라고 참으로 간절하게 기도드렸습니다. 다윗도 사망의 음침한 골짜기를 다닐 때에 그는 여호와께 구약성경에서 드물게 나타나는 2인칭 남성 단수로 "주(you)께서 나와 함께 하시나이다!"라고 고백하였던 것입니다. 따라서 히스기야가 기도의 응답을 받은 사실을 생각할 때에 그에게 특별히 남다른 능력이 있었다고 볼 필요는 없습니다. 다만 아버지 아하스 왕과 자신의 아들 므낫세 왕의 악행들과 비교할 때에 히스기야가 보여준 신앙적 행위는 특이하게 여호와의 은혜를 입었다고 말할 수 있을 것입니다. 우리가 주목할 것은 그가 성전에 들어가기 전에 취한 믿음의 자세입니다. 저는 박윤선 목사님의 휘호들 중에서 특히 여주동행 침묵정진(與主同行 沈默精進)을 좋아합니다. 그래서 히스기야가 앗수르 왕이 보낸 랍사게의 공갈협박과 회유(19절 이하)에 대해 일언반구의 반응조차 하지 않고 침묵으로 일관하였다는 내용을 읽었을 때에 너무나도 통쾌했습니다!

열왕기하 18:36 "그러나 백성이 잠잠하고 한 마디도 그에게 대답하지 아니하니 이는 왕이 명령하여 대답하지 말라 하였음이라"

이는 히스기야가 여호와께서 이 일에 역사하여 주시기를 원하였기 때문이었습니다. 그러자 여호와께서는 선지자 이사야를 통하여 그의 기도에 아래와 같이 응답하여 주실 것이라고 확언하셨습니다.

열왕기하 19:6-7 "6… 여호와의 말씀이 너는 앗수르 왕의 신복에게 들은 바 나를 모욕하는 말 때문에 두려워하지 말라 7내가 한 영을 그의 속에 두어 그로 소문을 듣고 그의 본국으로 돌아가게 하고 또 그의 본국에서 그에게 칼에 죽게 하리라 하셨느니라 하더라"

오늘날도 주님께서는 우리의 문제를 주님께 가지고 나아가서 아뢰기를 원하십니다.

예레미야 29:12-13 "12너희가 내게 부르짖으며 내게 와서 기도하면 내가 너희들의 기도를 들을 것이요 13너희가 온 마음으로 나를 구하면 나를 찾을 것이요 나를 만나리라"

2. 히스기야는 살아 계신 하나님께 구체적으로 아뢰었습니다
(사 37:16-20).

히스기야는 군사적으로나 정치적으로 이미 대세가 기운 것 같이 보이고 더 이상 버틸 명분이 없어서 이제는 항복하는 것이 상책으로 여겨질 만한 상황이었음에도 불구하고 이에 굴하지 않고 여호와의 구원을 확신하게 되었습니다. 따라서 히스기야는 지체함 없이 적이 보낸 편지를 여호와 앞에 그대로 펴 놓고 아뢰었습니다(14절). 그리고 그는 "여호와여 귀를 기울여 들으시옵소서 여호와여 눈을 뜨고 보시옵소서 산헤립이 사람을 보내어 살아 계시는 하나님을 훼방한 모든 말을 들으시옵소서"(17절)라고 구체적으로 아뢰었습니다. 그는 지금 아브라함의 하나님, 이삭의 하나님 그리고 야곱의 하나님이신 살아 계신 하나님께서 성전에 임재 하셔서 귀를 기울이시어 듣고 계시는 분께 기도를 드리고 있는 것입니다. 과연 이 여호와께서는 이스라엘 백성이 애굽에서 노예가 되어 고된 노동으로 인해 탄식하며 부르짖는 탄식 소리가 상달되어 그들을 구출해 주신 언약의 하나님이십니다. 히스기야는 바로 이 하나님께 마음에 있는 바 그대로를 아뢰었습니다.

출애굽기 2:24-25 "24하나님이 그들의 고통 소리를 들으시고 하나님이 아브라함과 이삭과 야곱에게 세운

그의 언약을 기억하사(*자카르*) 25하나님이 이스라엘 자
손을 돌보시고(*라아*) 하나님이 그들을 기억하셨더라
(*야다*)"

히스기야의 이러한 아름다운 자세는 선왕(先王) 다윗이 종
종 중대사를 만나게 될 때에 다른 왕들에게서 찾아볼 수 없는
모범적 행동을 본받은 것과 유사하다고 생각할 수 있습니다.
우리는 왜 하나님께서 다윗에 대해 "내가 이새의 아들 다윗을
만나니 내 마음에 맞는 사람이라"(행 13:22)고 말씀하셨는지를
알만 합니다. 다윗이 여호와께 여쭈어 형통하게 된 예는 아래
와 같습니다.

⑴ 블레셋이 그릴라를 침략하였을 때(삼상 23:2-3).
⑵ 아말렉을 칠 때(삼상 30:8).
⑶ 즉위 직후 어디로 올라갈 지를 여쭐 때(삼하 2:1).
⑷ 블레셋을 칠 때(삼하 5:19).
⑸ 블레셋이 다시 침략하였을 때(삼하 5:23-25).

히스기야의 기도의 자세는 하나님께서 성도들이 히스기야
처럼 친근하고 허심탄회하게 하나님께 나아와 문제들을 아뢰
기를 원하심을 가르쳐 주십니다. 성도들의 대인관계에 있어서
도 마음에 거리낌 없이 솔직하게 대화를 할 수 있다면 부부간

의 관계, 부모와 자녀와의 관계, 친지들 간의 관계 그리고 이웃들 간의 관계가 원만해 질 것입니다.

3. 히스기야는 하나님의 영광이 나타나기 위해 기도드렸습니다(20절).

"우리 하나님 여호와여 이제 우리를 그의 손에서 구원하사 천하 만국이 주만이 여호와이신 줄을 알게 하옵소서 하니라"

히스기야 왕의 이 기도에서 그의 간절한 소원이 "원하건대"(나, nā')라는 표현에서 잘 드러납니다. 신정국가의 모든 왕들이 기도를 드리는 목적이 이러하여야 마땅하나 그렇지가 못한 것이 사실입니다. 우리도 그 이치는 잘 알고 있으나 그러하지 못하여 근시안적으로 간구할 때가 많습니다. 저는 우리의 기도의 주제가 우리의 감사의 인식과 관련이 있다고 생각합니다. 오래 전에 어느 교회에서 새가정부를 10년 동안 지도한 일이 있었는데 그때 젊은이들의 기도제목들에서 받은 교훈이 있습니다. 물론 이분들의 기도는 필요불가결한 것이 있었습니다. 미혼이었을 때에는 "주님, 믿는 배우자만 허락하시면 더 이상 바랄 것이 없겠습니다"이었습니다. 대형 교회에 속하면서도 믿는 배우자를 만나기가 너무나 어려운 것이 한국교회의 현실입니다. 불신 가정에서는 부모님이 불신자와 결혼할 것을 요구하여 괴로워하는 경우도 있습니다. 신자와 만나 가정을 이룬 후에는 "주님, 자녀를 주시기 간절히 기도드립니다"라고 간구합니다. 그래서 구약교수인 저는 항상 주님께 우리 회원들에게 자녀를 주시기를 기도드렸습니다. 감사하게도 순산률이 100%가 되어 교회 안에서도 소문이 날 정도이었습니다. 그 후에는 좋은 직장을 위하여 또한 필요한 거처를 위하여 등등 계속 기도하게 됩니다. 물론 이런 것들이 필요합니다. 그러나 저는 이분들이 이러한 과정 가운데에서 가장 중요한 구원에 대한 감사로 하나님께 영광을 돌릴 것을 우선시하기를 놓치지말 것을 강조하곤 하였습니다.

여호와의 영광을 위하여 드린 히스기야 왕의 기도를 기뻐하신 여호와께서는 그의 기도에 응답하시어 적을 물리쳐 주셨습니다. 참으로 감사한 것은 절체절명의 위기에서 여호와의 성전에 올라가 살아 계신 하나님께 실정을 구체적으로 아뢰며 오직 여호와의 영광을 위해 드린 기도를 기쁘게 받으신 여호와께서 적을 패망시키실 뿐만 아니라 주의 귀한 종 히스기야도 높임을 받게 하셨다는 사실입니다.

역대하 32:21-23 "21여호와께서 한 천사를 보내어 앗수르 왕의 진영에서 모든 큰 용사와 대장과 지휘관들을 멸하신지라 앗수르 왕이 낯이 뜨거워 그의 고국으로 돌아갔더니 그의 신의 전에 들어갔을 때에 그의 몸에서 난 자들이 거기서 칼로 죽였더라 ₂₂이와 같이 여호와께서 히스기야와 예루살렘 주민을 앗수르 왕 산헤립의 손과 모든 적국의 손에서 구원하여 내사 사면으로 보호하시매 ₂₃여러 사람이 예물을 가지고 예루살렘에 와서 여호와께 드리고 또 보물을 유다 왕 히스기야에게 드린지라 이 후부터 히스기야가 모든 나라의 눈에 존귀하게 되었더라"

히스기야 왕의 기도를 통해 우리가 어떻게 하나님께 기도를 드려야할 것을 배웠습니다. 우리 모두 하나님이 응답하시는 기도를 드림으로 풍성한 은혜를 받게 되기를 기원합니다.

1 가이사랴에 고넬료라 하는 사람이 있으니 이달리야 부대라 하는 군대의 백부장이라 2 그가 경건하여 온 집안과 더불어 하나님을 경외하며 백성을 많이 구제하고 하나님께 항상 기도하더니 3 하루는 제 구 시쯤 되어 환상 중에 밝히 보매 하나님의 사자가 들어와 이르되 고넬료야 하니 4 고넬료가 주목하여 보고 두려워 이르되 주여 무슨 일이니이까 천사가 이르되 네 기도와 구제가 하나님 앞에 상달되어 기억하신 바가 되었으니 5 네가 지금 사람들을 욥바에 보내어 베드로라 하는 시몬을 청하라 6 그는 무두장이 시몬의 집에 유숙하니 그 집은 해변에 있다 하더라 7 마침 말하던 천사가 떠나매 고넬료가 집안 하인 둘과 부하 가운데 경건한 사람 하나를 불러 8 이 일을 다 이르고 욥바로 보내니라

고넬료의 경건의 능력

성경은 타락한 인간은 경건하지 못할 뿐만 아니라 스스로 경건하여질 수도 없다고 말씀합니다. 따라서 로마서 5:6에서는 죄악으로 인해 소망이 없고 무력하여 자신을 도울 수 없어 "연약할 때"에 이런 경건하지 않은 죄인들을 위해 약속하신 대로 그리스도께서 죽으셔서 구원하셨다고 말씀합니다. 영어에서 "경건한"(godly)이라는 형용사는 "종교적"이라는 뜻도 있으나 원래는 "하나님으로부터"를 뜻합니다. 이렇게 생각할 때에 이 말씀은 물론 당시에 자신들이 아브라함의 후손이라고 자칭하는 유대인들도 여기에 포함된 것입니다. 물론 오늘날의 성도들에게 있어서도 경건한 자가 되어 이에 부합한 생활을 하고자 하는 소원은 있으나 용의하지 않은 것이 사실입니다. 그렇다면 이방인이었던 고넬료에게 있어서는 경건함은 전혀 기대할 수 없다는 결론을 내려야 마땅하나 성경은 그가 경건한 인물이었다고 선언하는 것입니다.

> **사도행전 10:1-3** "₁가이사랴에 고넬료라 하는 사람이 있으니 이달리야 부대라 하는 군대의 백부장이라 ₂그가 경건하여온 집안과 더불어 하나님을 경외하며 백성을 많이 구제하고 하나님께 항상 기도하더니 ₃하루는 제 구 시쯤 되어 환상 중에 밝히 보매 하나님의 사자가 들어와 이르되 고넬료야 하니"

고넬료는 첫째로, 유대민족과 유대인의 종교를 혐오하는 침략국인 로마사람이었습니다. 둘째로, 그는 평범한 로마시민이 아니라 로마군의 백부장 곧 장교인 지도자의 한 사람으로 로마의 정신과 생활양식 그리고 국가관에 철저히 젖어 있었습니다. 그런데 이러한 사람이 하나님께서 인정하시는 경건한 인물이 되었다고 성경은 우리에게 알려줍니다. 본문 사도행전 10:1-8에 수록된 말씀을 중심으로 고넬료의 경건의 능력에 관해 살펴보려고 합니다.

1. 고넬료는 "경건한 사람"으로 성경에 기록되었습니다.

1) 그는 가정에서 인정받았습니다("₂온 집으로 더불어 하나

님을 경외하며”).

2) 그는 친척과 친구들에게 인정받았습니다(“²⁴일가와 가까운 친구들을 모아 기다리더니”).

3) 그는 부하들에게 인정받았습니다(“⁷집안 하인 둘과 부하 가운데 경건한 사람 하나 … ²²그들이 대답하되 백부장 고넬료는 의인이요 하나님을 경외하는 사람이라”).

4) 그는 온 유대인들에게 인정받았습니다(“²²하유대 온 족속이 칭찬하더니 그가 거룩한 천사의 지시를 받아 당신을 그 집으로 청하여 말을 들으려 하니라 한대”).

5) 그는 사도 베드로에게 인정받았습니다(“³⁴… 내가 참으로 하나님은 사람의 외모를 보지 아니하시고 ³⁵각 나라 중 하나님을 경외하며 의를 행하는 사람은 하나님이 받으시는 줄 깨달았도다”).

6) 그는 하나님께 인정받았습니다(“⁴… 천사가 이르되 네 기도와 구제가 하나님 앞에 상달하여 기억하신 바가 되었으니”).

2. 고넬료의 경건 생활의 내용은 어떠하였습니까?

1) 고넬료는 하나님을 경외하였다고 성경은 밝혀 줍니다 (2,35절). 그는 하나님께 항상 기도하는 인물이었는데 하루는 하나님의 사자를 대면하는 환상을 보게 되었다고 합니다(2절

하,3절). 그는 경건하여 온 집안과 더불어 하나님을 경외하였습니다. 그는 로마인이었으나 로마의 다신론적 종교뿐만 아니라 로마의 사상과 철학도 버리고 유일신 하나님을 예배하는 신자가 되었습니다. 그는 자기에게 말한 천사의 말에 순종하여 경건한 부하들을 욥바로 보냈습니다(7-8절). 그리고 그는 베드로가 그에게 올 것을 믿고 준비하였습니다(24절). 그는 또한 베드로 앞에 겸손히 엎드려 절을 하며(25절) 말씀을 듣기를 사모하였습니다("33… 오셨으니 잘하였나이다 이제 우리는 주께서 당신에게 명하신 모든 것을 듣고자 하여 다 하나님 앞에 있나이다").

2) 고넬료는 백성을 많이 구제하는 의를 실천하는 인물이었습니다. 팔레스틴의 당시 상황으로는 구제하는 일이란 끝이 없는 일이었을 것입니다. 그럼에도 불구하고 그는 항상 하나님께 기도하듯 구제도 지속적으로 하였습니다. 사도 바울은 하나님께서 우리를 "만드신 바"("작품" 일본신개역성서)라고 하였는데 그 목적은 선한 일을 위함이었다는 것입니다. 따라서 예수님께서 우리가 착한 행실을 통하여 하나님께 영광을 돌리라고 말씀하셨습니다(마 5:16). 하나님께서 우리의 행실과 자신의 영광을 묶으셨으니 우리는 하나님께서 우리를 통하여 그 뜻을 이루실 것을 확신하며 감격스러운 마음으로 이에 합당한 삶을 살아야 하겠습니다.

에베소 2:10 "우리는 그가 만드신 바라 그리스도 예수

안에서 선한 일을 위하여 지으심을 받은 자니 이 일은 하
나님이전에 예비하사 우리로 그 가운데서 행하게 하려
하심이니라"

마태복음 5:16 "이같이 너희 빛이 사람 앞에 비치게 하
여 그들로 너희 착한 행실을 보고 하늘에 계신 너희 아
버지께 영광을 돌리게 하라"

3) 고넬료는 전도하는 일도 게을리 하지 아니하여 다른 사
람들로 하여금 베드로의 설교를 들을 수 있는 기회를 마련해
주었습니다(34-43절). 그는 이 일에 장교로서 끼칠 수 있는 모
든 영향력을 동원하였습니다. 그 결과 베드로의 설교를 들은
이방인들이 성령을 받게 되었습니다(44절). 마침내 그들이 세
례를 받는 놀라운 역사가 일어나게 되었습니다(48절).

3. 경건한 고넬료가 받은 은혜는 무엇이었습니까?

앞에서 본 바와 같이 고넬료는 경건생활을 하려고 전심전
력하였는데 그러한 행위의 근간은 (1) 고넬료가 구원을 받은
것을 가장 감사하게 여겼기 때문이라는 사실을 사도행전
11:14-15의 말씀이 밝혀줍니다.

사도행전 11:14-15 "14그가 너와 네 온 집이 구원 받을 말씀을 네게 이르리라 함을 보았다 하거늘 15내가 말을 시작할 때에 성령이 그들에게 임하시기를 처음 우리에게 하신 것과 같이 하는지라"

선민의 원수 중에서도 괴수라고 할 수 있는 점령군의 장교인 자신이 구원을 받아 하나님의 자녀가 되었으니 이 은혜야말로 고넬료는 필설로 다 표현할 수 없었습니다. 자신처럼 구원을 받은 사람이 세상에 또 있을까 할 정도의 기적이 아닐 수 없었습니다. 이러한 변화를 그의 삶의 전 영역에서 발견할 수 있습니다.

우리의 일생에 있어서 무엇이 가장 귀하고 으뜸이 되는 축복이겠습니까? 말할 나위 없이 그것은 내 영혼의 구원입니다. 따라서 우리 생활의 모든 영역에서 이러한 은혜를 받은 자로서의 모습이 드러나야 마땅합니다. 저는 1962년에 미국 유학을 갔습니다. 미국 대부분의 대도시에서마저 아직 한국인 거주자들이 많지 않아 한인교회를 찾기가 어려워 저는 미국인 교회에 출석하였습니다. 그 교회의 수요저녁 예배 시에는 목사님의 설교 말씀이 끝나면 성도들이 일주일 동안에 응답을 받은 기도 제목들을 나누었습니다. 그 중에 한 여성도님의 감사의 내용은 이러하였습니다. 우리가 이 지역에 이사 온 지가 오래지 않아 우리 아이가 좋은 친구를 만나게 하여 주시기를 위해 기도했는데 주님께서 좋은 친구를 만나게 해 주셔서 감사합니다라고 기뻐하자 온 성도들이 "아멘"하며 하나님께 영광을 돌렸습니다. 저는 한국에서 발견하지 못했던 이러한 감사의 간증에 큰 감동을 받았습니다. 그래서 귀국 후에 처음으로 약 300명 되는 청년부를 지도하게 되었을 때에 큰 포부를 지니고 '다음 주부터는 출석할 때에 일주간에 응답을 받은 감사의 내용들을 나눕시다'라고 선포하였습니다. 그런데 웬 일입니까? 한 주, 두 주, 아니 한 달이 지나도 나오는 사람이 하나도 없었습니다! 도대체 우리가 생각하는 감사란 어떤 것입니까? 혹 이런 것들이 아닌지요? '지난주에 교통사고가 났으나 다리만 다치고 생명에는 지장이 없어서 감사합니다. 지난 주간에 집에 불이 났으나 생명에는 지장이 없어서 감사합니다. 등등 …. 만일 이런 유형의 대형사고로부터 구출이 되어 매 주일 감사를 드린다면 사람이 살 수 있겠습니까'라고 경고하고 그 순서를 중단한 일이 있습니다. 물론 미국 교회에서의 경험을 알려 주고 범사에 감사 생활을 할 것을 부탁하였습니다.

(2) 고넬료는 자신이 모셔온 사도 베드로가 전하는 복음을 전할 때에 그 말씀을 듣는 모든 사람과 함께 성령을 받았습니다("베드로가 이 말을 할 때에 성령이 말씀 듣는 모든 사람에게 내려오시니" 행 10:44).

이방인 중에서도 선민을 탄압하는 로마군의 장교이어서 여호와의 진노의 대상이 되어 영원히 멸망을 받을 수밖에 없었던 고넬료가 여호와의 은혜를 입어 자신이 구원을 받을 뿐만 아니라 경건한 자로 인정받아 영혼 구원 사역에 쓰임을 받은 내용을 우리는 살펴보았습니다. 다윗도 경건한 자가 받는 은혜와 경건의 유익을 아래와 같이 진술하였습니다.

시편 4:3 "여호와께서 자기를 위하여 경건한 자를 택하신 줄을 너희가 알지어다 내가 그를 부를 때에 여호와께서 들으시리로다"

디모데전서 4:8 "육체의 연단은 약간의 유익이 있으나 경건은 범사에 유익하니 금생와 내생에 약속이 있느니라"

헨드릭슨(W.Hendriksen)은 "하나님께서는 이 약속을 하셨고 또한 항상 그의 약속을 이행하시는 분이십니다"라고 역설하였습니다. 오래 전에 발표된 한 통계에 의하면 영국에는 신자가 인구의 15%라고 합니다. 그런데도 그 중에서 12%나 되는 신자라는 분들이 교회 주변에서 관망만 하고 있다고 합니다. 한국교회도 이를 타산지석으로 삼아야 하겠습니다. 혹시 우리 개개인의 신앙생활에 있어서 우리에게 종교성만 있고

경건의 능력은 결여되지 않았는가를 심각하게 검토하여야 하
겠습니다. 우리는 사도 베드로가 아래와 같이 권면한 말씀을
굳게 붙들어야 하겠습니다.

> 베드로후서 3:9-12 "⁹주의 약속은 어떤 이들이 더디다
> 고 생각하는 것 같이 더딘 것이 아니라 오직 주께서는
> 너희를 대하여 오래 참으사 아무도 멸망하지 아니하고
> 다 회개하기에이르기를 원하시느니라 ¹⁰그러나 주의 날
> 이 도둑같이 오리니 그 날에는 하늘이 큰 소리로 떠나가
> 고 물질이 뜨거운 불에 풀어지고 땅과 그 중에 있는 모
> 든 일이 드러나리로다 ¹¹이 모든 것이 이렇게 풀어지리
> 니 너희가 어떠한 사람이 되어야 마땅하냐 거룩한 행실
> 과 경건함으로 ¹²하나님의 날이 임하기를 바라보고 간절
> 히 사모하라 … ¹³우리는 그의 약속대로 의가 있는 곳인
> 새 하늘과 새 땅을 바라보도다"

사도 베드로는 또한 디모데후서 3장에서 말세 곧 만연한
죄악상을 드러내는 교회시대에 대해 5절에서는 다음과 같이
우리에게 당부하였습니다.

> 디모데후서 3:5 "경건의 모양은 있으나 경건의 능력은
> 부인하니 이 같은 자들에게서 네가 돌아서라"

그렇습니다! 우리는 마땅히 이 같은 자들에게서 돌아서서 고넬료와 같이 하나님께 인정받는 성도가 되어야 합니다. 성군 다윗은 시편 139편에서 여호와께서는 다윗에 관해 모르시는 것이 없이 다 아신다고 고백하였습니다. 2절에서 그는 2인칭 남성단수 대명사를 첨가하여 "주(you)께서 참으로 … 아십니다"라고 탄복하였습니다.

시편 139:1-6 "₁여호와여 주께서 나를 살펴 보셨으므로 나를 아시나이다 ₂주께서 내가 앉고 일어섬을 아시고 멀리서도 나의 생각을 밝히 아시오며 ₃나의 모든 길과 내가 눕는 것을 살펴 보셨으므로 나의 모든 행실을 익히 아시오니 ₄여호와여 내 혀의 말을 알지 못하시는 것이 하나도 없으시니이다"

독일어성경(디 굿테 나흐리흐트)은 본문을 토대로 하여 아래와 같은 삽화를 보여줍니다. 그 화면에 그려진 번화한 거리에 한 신사가 서류가방을 들고 길을 가며, 한 엄마는 어린 딸의 손을 잡고 어디엔가로 가고 있고, 어느 숙녀는 구매한 물건들을 두 손에 들고 급히 걸어가고 있고 그리고 어떤 노동자는 공사장 앞에서 보행자들의 안전을 위해 교통정리를 하고 있습니다. 그런데 놀라운 것은 이들이 모두 가면을 쓰고 있다는 사실입니다. 그리고 이 삽화의 제목이 참으로 두렵습니다.

"하나님은 우리 가면의 내면을 보십니다!"

만일 교회 지도자들이 이러한 가면을 쓴다면 이는 분명 하나님을 업신여기며 만홀히 여기는 행위와 다름이 없습니다. 구약성경에서 사용된 "업신여기다"(*바자*)와 "만홀히 여기다"(*나아쯔*)라는 두 단어의 예를 찾아보면 아래와 같습니다. 첫째로, *바자* 동사의 예로는 사무엘하 12:9-10이 있습니다. 다윗 왕이 자신이 저지른 범죄를 사람들이 알아차릴 수 없는 완전범죄로 만들려고 하였습니다. 그러나 여호와께서는 나단을 통해 이렇게 책망하셨습니다.

> **사무엘하 12:9-10** "9그러한데 어찌하여 네가 여호와의 말씀을 업신여기고 나 보기에 악을 행하였느냐 … 10이제 네가 나를 업신여기고 헷 사람 우리아의 아내를 빼앗아 네 아내로 삼았은즉 칼이 네 집에서 영원토록 떠나지 아니하리라 하셨고"

이 동사(*바자*)는 창세기 25:34의 "… 에서가 장자의 명분을 가볍게 여김이었더라"에서도 찾아볼 수 있습니다. 그리고 이 단어는 동사 *헤파르*("파괴하다, 경멸하다". *파라르*의 사역형)와 아래의 성구들에서 대구법적으로 사용되었습니다.

민수기 15:31 "그런 사람은 여호와의 말씀을 멸시하고 그의 명령을 파괴하였은즉 그의 죄악이 자기에게로 돌아가서 온전히 끊어지리라"

사무엘상 2:30(엘리의 아들들) "… 나를 존중히 여기는 자를 내가 존중히 여기고 나를 멸시하는 자를 내가 경멸하리라"

둘째로, 동사 *나아쯔*("만홀히 여기다, 멸시하다, 가벼이 여기다")의 용례로는 이와 대구법적으로 시용된 동사 "버리다"(*아자브*), "거절하다, 버리다"(*마아쓰*), "불신하다"(*로 헤에민*), "싫어하다(*싸나*) 등이 있습니다.

이사야 1:4 "슬프다 범죄한 나라요 허물 진 백성이요 행악의 종자요 행위가 부패한 자식이로다 그들이 여호와를 버리며 이스라엘의 거룩하신 이를 만홀히 여겨 멀리하고 물러갔도다"

이사야 5:24 "… 그들이 만군의 여호와의 율법을 버리며 이스라엘의 거룩하신 이의 말씀을 멸시하였음이라"

민 14:11 "여호와께서 모세에게 이르시되 이 백성이
어느때까지 나를 멸시하겠느냐 내가 그들 중에 많은 이
적을 행하였으나 어느 때까지 나를 믿지 않겠느냐"

잠언 5:12 "말하기를 내가 어찌하여 훈계를 싫어하며
내 마음이 꾸지람을 가벼이 여기고"

미국 유학시절인 1960년대의 일이었습니다. 어느 한인교
회의 성도가 불량배에게 피해를 입어 소송을 하게 되었는데
제가 통역을 맡게 되었습니다. 법률에 대한 지식이 전혀 없는
제가 생전 처음으로 그 분의 식구들과 함께 지방 법원에 도착
했습니다. 지방의 한 작은 도시인데도 그곳의 삼엄한 분위기
뿐만 아니라 법정에서 사용되는 용어들에 의해 저는 압도될
수밖에 없었습니다. 우선 재판장에 대한 칭호가 '재판장 각
하!'(Your Honor)이라는 데에 저는 놀랐습니다. 그리고 피고의
변호인이 제가 원고의 지인이기 때문에 통역자로서의 자격이
없다는 공격으로부터 시작하여 제게 질문공세를 퍼부었습니
다. 그럴 때마다 수세에 몰린 저는 "재판장 각하", 제가 이 질
문에 대답을 해야 합니까?라고 물어 그분의 지시를 따르기로
했습니다. 감사하게도 판결이 공정하게 이루어져서 저는 집으
로 돌아와 안도의 한숨을 쉴 수가 있었습니다. 하지만 저는 너
무나 큰 충격을 받았습니다. 시골 마을의 법정이지만 이렇게

위풍당당한 재판장이 피고에게 유죄판결선고를 내리면 그 사람은 끝장이 아닌가! 그렇다면 천국에서의 최후의 심판은 어떠하겠는가라는 생각을 금할 수가 없었습니다. 그래서 그 후로부터 저는 어떤 분들이 최후의 심판이 없다는 듯이 행동하는 것을 보면 저 자신을 살펴보게 되는 계기가 되었습니다.

우리는 잠언 14:2 "정직하게 행하는 자는 여호와를 경외하여도 패역하게 행하는 자는 여호와를 경멸하느니라"라는 말씀을 명심하여야 하겠습니다. 여호와께서 친히 "사람은 외모를 보거니와 나 여호와는 중심을 보느니라"라고 말씀하셨습니다 (삼상 16:7). 여기에서 외모를 본다는 말은 눈에 의거하여 보는 것(*라에이나임*)을 뜻합니다. 유대교성경 타나크는 "눈에 보이는 것(visible)만 본다"고 번역하였습니다. 디모데후서 3:5의 "경건"은 하나님을 경외함인데 이를 "종교"로 번역한 역본들도 있습니다(모팟역, 기쁜소식성경, 새영어번역성경). 공동번역성서는 "겉으로는 종교생활을 하는 듯이 보이겠지만 종교의 힘을 부인할 것입니다"로 옮겼습니다. '종교가 타락하면 의식이 화려해진다'는 말이 있습니다. 오래 전에 코리아타임스지 (Korea Times)에 게재된 삽화가 기억납니다. 뿔이 돋고 긴 꼬리가 달리고 한 손에는 삼지창(三枝槍)을 든 졸개에게 마귀가 점심이 든 보자기를 주면서 "오늘은 성경구절을 많이 인용하라"라고 지령을 내리는 모습이 그려진 삽화이었는데 저는 지금까지도 그 삽화를 잊을 수가 없습니다. 겉으로는 주여 주여 하나 행실은 전혀 다른 이중인격을 지닐 수 있는 것이 인간입니다. 가면이라는 것은 타락한 인간이 본래의 마음이나 참모습을 감추기 위해 꾸민 것에 불과합니다. 가면극이나 가면무도회에서나 출연자가 얼굴을 가려야 하는 것입니다. 그런데 만일 성직자가 가면을 쓰고 각종 집회에 참석한다면 그 어찌 성회라고 할 수 있겠습니까? 표리부동한 사람은 사회의 지도자로서도 자격이 없다고 하겠습니다. 따라서 살아 계신 하나님의 백성들은 물론이고 그들을 섬기는 사역자들이 이러한 가면을 써서야 되겠습니까? 고넬료처럼 우리의 중심을 보시는 하나님이 기뻐하시는 경건의 능력을 소유하여 하나님께 인정을 받아야 하겠습니다. 역시 예수님께 인정을 받은 나다나엘처럼 말입니다.

요한복음 1:47 "예수께서 나다나엘이 자기에게 오는 것을 보시고 그를 가리켜 이르시되 보라 이는 참으로 이스라엘 사람이라 그 속에 간사한 것이 없도다"

시편 133:1-3

1 보라 형제가 연합하여 동거함이 어찌 그리 선하고 아름다운
고 2 머리에 있는 보배로운 기름이 수염 곧 아론의 수염에 흘
러서 그의 옷깃까지 내림 같고 3 헐몬의 이슬이 시온의 산들
에 내림 같도다 거기서 여호와께서 복을 명령하셨나니 곧 영
생이로다

형제가 동거하는 축복

1. 보라 형제가 연합하여 동거함이 어찌 그리 선하고 아름다운고(*히네 마-토부 우마-나임 쉐베트 아힘 감-야하드*)
2. 머리에 있는 보배로운 기름이 수염 곧 아론의 수염에 흘러서 그의 옷깃까지 내림 같고
3. 헐몬의 이슬이 시온의 산들에 내림 같도다 거기서 여호와께서 복을 명령하셨나니 곧 영생이로다(*다윗의 시*)

이 시편의 1절은 이스라엘 사람들의 애창곡 중의 하나입니다. 그러나 한국어, 일본어, 영어, 불어, 독어 등은 히브리어보다 음절의 수가 많아 노래가 불가능하고 중국어로만 가능합니

다(看哪, 弟兄和睦同居是何等的善何等的美). 1절의 끝 단어 *나임*을 개역개정판과 중국어역본은 "아름답다"로 번역하였으나 공동번역성서, 표준새번역개정판, 일본어역본 및 대부분의 서구 역본들은 "즐겁다"로 옮겼습니다. 오늘날 이스라엘 사람들은 인사를 할 때에 *나임 메오드!*("참으로 즐겁습니다!")라고 합니다. 이 설교를 통해 본 시편이 우리에게 제시하는 진정한 형제의 동거란 어떤 것이며 또한 그로 인해 받는 축복은 어떤 것인가를 터득하게 되기를 소원합니다.

먼저 이 시편에 대한 필자가 취한 입장에 대해 설명을 드리는 것이 이해에 도움이 되리라 생각하는데 주로 3절에 관한 내용입니다. 북쪽 수리아 지역에 속한 헐몬 산은 시온에서 약 300 마일이 되는 거리에 있는데 그 이슬이 어떻게 시온의 산들에 내릴 수 있느냐 하는 문제입니다. 저자의 의도는 여기에서 당시에 너무나도 잘 알려진 "헐몬의 이슬"이라는 표현을 활용한 것으로 이해됩니다. 그리고 문장 앞머리(원문)에 등장한 원인을 나타내는 불변화사 *키*("왜냐하면, 이는" "for")는 대체로 한 절의 하반부에 나타나는데 시편 133편에서는 마지막 3절에 나타난다는 점을 유의해야 하겠습니다. 그리고 부사 *삼*("거기")은 강조적 의미인 "과연"(O.Keel, 새영어번역성경)으로 해석되기도 하나 "거기"로 이해하는 것이 일반적입니다. 그리고 "거기"는 장소라기보다는 형제가 아름다운 연합으로 동거함을 가리키는 것으로 이해됩니다. 그리고 복을 "명령하셨다"는 동사 *찌와*는 "약속하다"(기쁜소식성경, 표준새번역개정판), "베푼다"(시 42:8; 44:4) 그리고 "정(定)하다"(유대인성경 타나크)로 해석되며 또한 "실행하다"(*아싸*)와 대구적으로 사용됩니다(레 25:21; 시 68:28; 사 48:5).

  우리가 이 시편을 대할 때에 우선 저자가 다윗이라는 데에 약간의 이질감을 갖게 됩니다. 그 이유는 성경에 나타난 다윗의 성장기는 본 시편에 나타난 '홈 스위트 홈'의 흥취(興趣)와는 전혀 다른 듯한 느낌을 갖게 하기 때문입니다. 더욱이 다윗의 시편인 시편 27:10을 개역개정판은 "내 부모는 나를 버렸으나 여호와는 나를 영접하시리이다"라고 번역하여 독자들을 당황하게 할 수 있습니다. 원문은 문장 앞머리에 접속사 "비록"(*키*)이 있고 후반부에는 동사문장의 주어 "여호와"가 동사의 앞에 도치되어 강조되었습니다. 그러므로 본문은 "비록 나의 부모는 나를 버려도, 여호와는 여전히 나를 영접하실 것이다"(예루살렘성경)로 번역하는 것이 원문에 충실할 것입니다. 여하간 분문은 우리가 다윗의 행적에 근거하여 살펴볼 때 그 진의가 드러날 것입니다. 이사야 선지자를 통해 주신 말씀이 있습니다.

  이사야 49:15 "여인이 어찌 그 젖 먹는 자식을 잊겠으며 자기 태에서 난 아들을 긍휼히 여기지 않겠느냐 그들은 혹시 잊을지라도 나는 너를 잊지 아니할 것이라"

시편 133편 말씀이 성경에 포함된 데에는 분명히 하나님
께서 우리에게 주시는 심오한 메시지가 있다고 믿고 이를 상
고하려고 합니다.

1. 하나님의 주권을 인정할 때에 가정적으로 복을 받는 아름다운 화목의 동거가 이루어집니다.

우리는 먼저 다윗이 어린 시절에 가정에서의 생활이 어떠
하였는지를 살펴보는 것은 어렵지 않습니다. 이새의 가정에서
막내로 태어나 양치기로 자란 다윗이 가정에서 어떻게 취급되
었는가는 성경에 잘 드러나 있기 때문입니다. 우선 여호와의
선지자 사무엘이 이새의 집을 방문하는 놀랍고 감격스러운 자
리에서 다윗의 부모와 형제들의 마음속에는 양을 치고 있는
어린 다윗에 대한 관심이 전혀 없는 것 같이 비칩니다. 선지자
사무엘은 "내가 너를 베들레헴 사람 이새에게로 보내리니 이
는 내가 그의 아들 중에서 한 왕을 보았느니라"(삼상 16:1)는
말씀을 따라 이새의 집을 방문한 것입니다. 가장인 이새는 아
들들의 서열에 따라 장자 엘리압을 위시하여 그 자리에 참석
한 일곱을 사무엘의 앞에 세웠습니다. 한 가지 이해가 되지 않
는 사실은 이새가 군 진영에서 근무하는 아들들의 안부를 물
을 때에는 다윗으로 하여금 양지키는 자에게 그의 양들을 맡

기고 가게 했으나 여호와의 선지자가 방문한 이런 자리를 위해서는 그렇게 하지 않았다는 점입니다. 이런 영문을 모른 채 사무엘은 엘리압이 장자인데다 인물도 출중("용모와 키" -6절)하여 이 아들이야말로 기름 부음을 받을 대상으로 오인하였는데 그 아들뿐만 아니라 자신의 앞에 선 일곱 아들들 모두가 그 대상이 아니라는 사실을 알았을 때에 그는 무척 당황했을 것입니다. 참으로 의아한 것은 어린 다윗의 부모나 형제들 모두가 다윗이 현장에 없는 것이 당연하다고 여겼다는 인상을 지울 수 없다는 사실입니다. 이럴 수가 있는가! 혹 사무엘도 자신의 예측이 모두 빗나가 실망한 가운데 그대로 이새의 집에서 떠날 수도 있었지 않는가 생각해 봅니다. 그러나 여호와의 뜻은 반드시 이루어지기에 그때에 여호와께서 그에게 지혜를 주셔서 "네 아들이 다 여기에 있느냐?"라는 질문을 하도록 인도하셨다고 생각합니다. 사무엘은 여호와께서 이 아들들을 택하지 아니 하셨음을 깨닫고 놀라며 이새에게 이렇게 질문하였습니다.

사무엘상 16:11 "또 사무엘이 이새에게 이르되 네 아들들이 다 여기에 있느냐 이새가 이르되 이직 막내가 남았는데 그는 양을 지키나이다 사무엘이 이새에게 이르되 사람을 보내어 그를 데려오라 그가 여기 오기까지는 우리가 식사 자리에 앉지 아니하겠노라"

"그가(원문) 이르되 아직 막내가 남았는데 그는 양을 지키나이다"라는 이새의 대답에서는 무언가 달가워하지 않는 듯한 느낌이 듭니다. 우선 8-11절에서 다음과 같이 특이한 점을 발견할 수 있습니다. "이새"가 주어로 8절("이새가 아비나답을 불러"), 9절("이새가 삼마로 지나게 하매"), 10절("이새가 그의 아들 일곱을 다 사무엘 앞으로 지나가게 하나")에 나타납니다. 그런데 유독 11절에서는 "이새"가 아닌 "그(원문)가 이르되"로 등장합니다. 그리고 다윗을 여덟째라고 하지 않고 "막내"라고 하는가 하면 그의 답변의 앞머리에 "그리고 …로 말하자면"(웨히네. and behold)이라는 접속사와 지시품사(指示品詞)가 등장합니다. 그리고 "막내"라는 이새의 말에서는 정관사 "그"(하)가 첨가되어 "가장 작은 것" 즉 "여덟 아들들 중에서 가장 어린 것"(게제니우스 『히브리어 문법』)인 대수롭지 않은 아이라는 어감이 짙습니다. 이 말을 듣자 선지자 사무엘은 "그를 데려오라"(카헨누)라고 강력하게 요구했습니다.

이새 가정의 분위기를 엿볼 수 있는 또 다른 한 면은 다윗에 대한 형들의 태도입니다. 다윗이 아버지의 심부름으로 진영에 있는 형들의 안부를 살피려고 갔을 때에 형들이 그에게 보인 반응이 놀랍습니다.

사무엘상 17:28-29 "28큰형 엘리압이 다윗이 사람들에게 하는 말을 들은지라 그가 다윗에게 노를 발하여 이르

되 네가 어찌하여 이리로 내려왔느냐 들에 있는 양들을
누구에게 맡겼느냐 나는 네 교만과 네 마음의 완악함을
아노니 네가 전쟁을 구경하러 왔도다 ²⁹다윗이 이르되
내가 무엇을 하였나이까 어찌 이유가 없으리이까 하
고"

아니나 다를까 장자인 엘리압이 말문을 열어 막내 다윗을
질타합니다. 28절에서 엘리압은 그냥 "노하다"가 아닌 "노를
발하였다"고 합니다. 그리고 "나는 … 안다"라는 말도 원문에
서는 1인칭 대명사(*아니*)를 첨가하여 "나는 다 알고 있어"(*아니
야다티*)라고 다윗을 꾸짖는 말을 한 것입니다.

이뿐만 아니라 또 한 편으로는 다윗의 입에서 아래와 같은
달갑지 않은 말들이 발설되었는데 주어들이 모두 동사 앞에
놓여 강조되어 그의 무거운 마음을 잘 드러내 줍니다.

시편 38:11 "내가 사랑하는 자와 내 친구들이 내 상처
를 멀리하고 내 친구들도 멀리 섰나이다"

시편 69:8 "내가 나의 형제에게는 객이 되고 나의 어머
니의 자녀에게는 낯선 사람이 되었나이다"

시편 38편은 다윗의 참회시(懺悔詩)이므로 그의 가까운 사

람들마저 자신을 멀리한다고 말한 것은 있을 수 있는 일입니
다. 이러할 때에 가까이 해주는 친구가 진정한 친구인데 그렇
지가 않다고 그는 고백합니다. 또 다른 한 편으로 시편 69:8
에 대해서는 박윤선 목사님은 시편 38편과는 달리 "다윗은 인
정이나 혈연관계에 끌리지 않고 온전히 하나님의 영광을 위하
여 분투하며 살았다. 그러므로 그의 걸음에는 자기의 동복(同
腹)이나 형제들까지도 동감하지 않았다"라고 풀이했습니다.
비키(J.R.Beeke)는 이렇게 말합니다.

"어린 시절에 그는 목동으로서 아버지의 양 떼를 돌보았
다. 목동이라는 직업은 힘들고 괴로운 일들을 많이 해야하
는 직업이었기 때문에, 다윗은 그런 고생을 해야했고, 게
다가 형들의 질시의 대상이 되었던 것으로 보인다. 그는
어머니의 무릎에서 편안하게 자라거나, 응석받이로서 자
기가 하고 싶은 대로 하며 자란 것이 아니었다. 그는 밖에
서도 힘들고 어려운 삶을 살아야 했고, 안에서도 만만치
않은 삶을 견뎌야 했다."

앞에서 살펴본 내용들에서 우리의 올바른 이해가 요청됩니
다. 우선 구약시대에 있어서 가장인 이새의 태도에 대해 생각
해 보려고 합니다. 이새가 선지자 사무엘에게 보인 태도는 어
디까지나 장자권에 입각한 것이었다고 이해하는 것이 옳습니

다. 그래서 그는 사무엘 앞에 서슴없이 엘리압을 먼저 눈에 띄게 하였고 그런 순서에 따라 아들들을 선지자에게 지나가게 한 것입니다. 그리고 어린 다윗이 가정에 속한 양을 친다는 것은 당시의 팔레스틴 거주민들에게서 흔히 볼 수 있는 현상입니다. 라반의 가정에서는 딸들이 양치는 일을 감당하기도 한 사실을 우리는 잘 알고 있습니다. 따라서 다윗이 그 때에 소외된 것에 대한 문제를 오늘날의 우리의 견지에서 평가하는 것은 시대착오일 수 있습니다. 다윗과 형들과의 관계에 있어서도 어느 가정에서든지 형제간에 가끔 불화가 있는 것은 당연지사일 것입니다. 그러다가도 형제 중의 하나가 다른 아이로부터 괴롭힘을 당하면 그때에는 형제들이 똘똘 뭉쳐 '피는 물보다 진하다'는 사실을 확인시켜주는 것입니다. 성경은 여러 모로 소외당한 듯한 상황에 놓인 다윗이 오히려 여호와의 은총을 입게 되었다고 우리에게 전해줍니다.

사무엘상 16:13 "사무엘이 기름 뿔병을 가져다가 그의 형제 중에서 그에게 부었더니 이 날 이후로 다윗이 여호와의 영에게 크게 감동되니라 …"

본문에서는 특이하게 동사 *짤라흐*("감동하다, 형통하다, 성취하다")를 사용했습니다. 이 동사는 여호와의 뜻이 반드시 성취됨을 나타내는 데에 사용됩니다(참조. 필자의 『순례자의 소나타

시편 23편』 61-64쪽).

이사야 53:10 "여호와께서 그에게 상함을 받게 하시기
를 원하사 질고를 당하게 하셨은즉 그의 영혼을 속건제물
로 드리기에 이르면 그가 씨를 보게 되며 그의 날은 길 것
이요 또 그의 손으로 여호와께서 기뻐하시는 뜻을 성취하
리로다(이쯜라흐)"

이사야 55:11 "내 입에서 나가는 말도 이와 같이 헛되
이 내게로 되돌아오지 아니하고 나의 기뻐하는 뜻을 이
루며 내가 보낸 일에 형통함이니라(히쯜리아흐)"

그리고 시편 78:70-71에서는 여호와께서 이 다윗을 양의
우리에서 택하실 뿐만 아니라 그를 선민의 지도자로 세우셔서
다윗으로 하여금 여호와의 원대하신 뜻을 이루게 하셨다고 밝
혀줍니다.

시편 78:70-72 "70또 그의 종 다윗을 택하시되 양의 우
리에서 취하시며 71젖 양을 지키는 중에서 그를 이끌어
내사 그의 백성인 야곱, 그의 소유인 이스라엘을 기르게
하셨더니 72이에 그가 그들을 자기 마음의 완전함으로
기르고 그의 손의 능숙함으로 그들을 지도하였도다"

이제 이새의 가정이 진정한 화목을 이루어 복을 받게 하시는 여호와의 섭리에 우리는 큰 은혜를 받지 않을 수 없습니다. 상식적으로 말하자면 일이 형통할 때에 화목이 이루어지기 용의하다고 생각될 것입니다. 그런데 놀랍게도 가족의 일원인 다윗이 불행하게도 국왕 사울의 주적(主敵)과 같이 되어 생명을 보존하기 위해 도피생활을 하고 있는 와중에 이새 가정의 화목이 이루어졌다는 사실입니다. 1절에 놀랍게도 시편 133편에 사용된 동사 "내려가도"(야라드)가 등장합니다. "그의 형제와 아버지의 온 집이 그리고 그들이 그리로 내려갔다"(삼상 22:1하 원문)는 것입니다.

> **사무엘상 22:1-4** "¹그러므로 다윗이 그 곳을 떠나 아둘람 굴로 도망하매 그의 형제와 아버지의 온 집이 듣고 그리로 내려가서 그에게 이르렀고 … ³다윗이 거기서 모압 미스베로 가서 모압 왕에게 이르되 하나님이 나를 위하여 어떻게 하실지를 내가 알기까지 나의 부모가 나와서 당신들과 함께 있게 하기를 청하나이다 하고 ⁴부모를 인도하여 모압 왕 앞에 나아갔더니 그들은 다윗이 요새에 있을 동안에 모압 왕과 함께 있었더라"

매튜 헨리(Matthew Henry)는 이새 가정의 이러한 화목에 대해 아래와 같이 이해했습니다.

"그는 사울을 멸망시키려는 행동은 전혀 취하지 않고 오직
자신을 보호하는 데 힘썼다. 다윗의 모든 친척들이 그곳으
로 모여들었다. 이것은 '그의 형제와 아버지의 온 집이' 그
에게서 보호를 받고, 그를 도우며, 그와 운명을 같이 하기
위한 것이다. 그때 요압과 아비새 그리고 나머지 그의 친
척들이 그와 함께 고생을 하기 위해 위험을 무릅쓰고 그에
게로 왔다"

미국 유학 시절에 어느 장로님 가정에서 거주한 일이 있었
는데 한때 그 가정이 시험에 든 일이 있었습니다. 어떤 이유에
서인지 어머니와 자녀들이 합세하여 사사건건 아버지를 대항
하여 가정의 분위기가 살벌하였습니다. 그러던 중 아버지가
직장에서 해고당하게 되었습니다. 이런 불행한 일이 발생하자
놀랍게도 식구들이 모두 아버지를 측은하게 여기며 위로하고
격려하여 가정이 오히려 신앙으로 화목하는 전화위복의 결과
를 초래한 것입니다. 성도가 화목하여 동거할 수 있는 축복은
오직 여호와께서 기름 부으심을 인정하고 순종하는 데에서 허
락되는 것입니다. 이렇게 하여 다윗은 "네 부모를 공경하라"는
여호와의 계명에 순종하게 되었고 그의 형들과의 관계도 회복
되었습니다. 따라서 가장인 이새도 여호와를 주인으로 섬기는
복되고 즐거운 가정을 이루는 사명을 감당하게 된 것입니다.
과연 "하나님을 사랑하는 자 곧 그의 뜻대로 부르심을 입은 자

들에게는 모든 것이 합력하여 선을 이루느니라"(롬 8:28)라는
말씀은 진리입니다.

2. 언약공동체에서 화목하며 동거하는 축복을 받는 비결은 각자가 받은 은사대로 헌신하는 데에 있습니다.

가화만사성(家和萬事成)이라는 말이 있습니다. 여호와를 경
외하는 이새의 온 가족이 부모를 공경하며 형제 우애하니 신
명기 5:16에 "… 그리하면 네 하나님 여호와가 네게 준 땅에
서 네 생명이 길고 복을 누리리라"는 약속이 이제 실현되는 것
입니다. 그리고 여호와께서는 다윗이 전혀 예상하지 못한 무
리 곧 사울 왕의 학정에 의해 영육 간에 상처를 입은 자들이
그의 지휘 아래로 모여들게(*카바쯔*의 재귀형) 하셨습니다. 이렇
게 여호와의 뜻이 하나하나 순탄하게 성취되는(*짤라흐*) 상황이
형성되기 시작한 것입니다.

> **사무엘상 22:2** "환난 당한 모든 자와 빚진 모든 자와 마
> 음이 원통한 자가 다 그에게로 모였고 그는 그들의 우두
> 머리가 되었는데 그와 함께 한 자가 사백 명 가량이었더
> 라"

다윗을 포함한 이들은 모두 사울 자신이 여호와로부터 받
은 한량없는 축복을 망각하고 남이 받은 은사를 존중하지 않

고 시기 내지는 무시한 결과로 발생한 피해자들입니다. 그러
나 다윗은 항상 다른 사람이 여호와께로부터 받은 은사를 존
중하며 의리를 지킬 줄 아는 귀한 성품을 지닌 인물이었습니
다. 우선 자신을 시기하여 살해하려는 사울 왕이지만 하나님
을 경외하는 그가 하나님의 기름을 부음 받은 왕에 대한 신하
의 의리를 지킨 사실과 사울의 아들 요나단에 대한 의리를 지
켜 요나단의 아들 므비보셋을 선대한 사실 등은 후에 그의 모
든 추종자들에게 귀감이 되었습니다. 심은 대로 거두는 법입
니다! 하나님께서 다윗 왕에게 허락하신 용사들의 이름은 사
무엘하 23:8 이하와 역대하 11:19 이하에 수록되어 있습니
다. 이 용사들 중에서는 다윗을 위해 생명도 아깝게 여기지 않
을 정도로 충성한 용사들이 있었습니다.

사무엘하 23:15-17 "다윗이 소원하여 이르되 베들레헴
성문 곁 우물 물을 누가 내게 마시게 할까 하매 16세 용
사가 블레셋 사람의 진영을 돌파하고 지나가서 베들레
헴 성문 곁 우물 물을 길어 가지고 다윗에게로 왔으나
다윗이 마시기를 기뻐하지 아니하고 그 물을 여호와께
부어 드리며 17이르되 … 이는 목숨을 걸고 갔던 사람들
의 피가 아니니이까 하고 마시기를 즐겨하지 아니하니
라 …"

그뿐만 아니라 다윗의 부하들은 하나님께서 그를 어떻게 대하시는가를 깨달아 그에 대한 부하로서의 의리를 지켜 하나님의 나라가 굳건히 서는 데에 이바지했습니다.

(1) 당신은 하나님이 도우시는 분이십니다.

역대상 12:18[19] "그 때에 성령이 … 아마새를 감싸시니 이르되 다윗이여 우리가 당신에게 속하겠고 … 우리가 당신과 함께 있으리니 … 이는 당신의 하나님이 당신을 도우심이니이다 …"

(2) 당신은 이스라엘의 등불이십니다.

사무엘하 21:17 "스루야의 아들 아비새가 다윗을 도와 그 블레셋 사람들을 쳐죽이니 그 때에 다윗의 추종자들이 그에게 맹세하여 이르되 왕은 다시 우리와 함께 전장에 나가지 마옵소서 이스라엘의 등불이 꺼지지 말게 하옵소서"

어린 다윗에게 기름을 부으시고 성령의 감동을 통해 형통하게 하신 "여호와 하나님께서 함께 계시니 다윗이 점점 강성"하여 갔습니다(삼하 5:10). 그리고 드디어 다윗은 동역자들과 화목하며 여호와의 뜻에 순종하여 다윗언약을 성취할 수 있었습니다.

사무엘하 7:11-13 "₁₁··· 여호와가 너를 위하여 집을 짓
고 ₁₂··· 내가 네 몸에서 날 네 씨를 네 뒤에 세워 그의 나
라를 견고하게 하리라 ₁₃그는 내 이름을 위하여 집을 건
축할 것이요 나는 그의 나라 왕위를 영원히 견고하게 하
리라"

3. 우리는 이 축복이 많은 사람들에게 풍성하게 내리도록 물꼬를 트는 데에 이바지해야 하겠습니다.

히브리어에서 현재시제를 나타낼 때에는 동사 "흐르다"
(야라드)의 경우 전형적 미완료형을 통해 "물이 흐른다"로, 그
리고 미래 미완료형을 통해 "물이 흐를 것이다"로 나타냅니다.
그런데 본 시편에서는 세 번(2절 2회; 3절 1회)이나 "흐르다"(야
라드)의 분사형(요레드)을 통해 물이 계속 흘러내림을 드러냅
니다. 분사형은 어떤 행동이나 상태가 중단되지 않고 계속됨
을 나타낼 때에 사용됩니다. 따라서 1절에서는 참으로 좋고
즐거운 형제간의 횡적 화목이 이루어질 때에 시은자(施恩者)이
신 여호와의 넘치는 종적 축복이 가능함을 보여줍니다. 여호
와께서 기름 부어 세우신 다윗을 통해 모든 사람 곧 그의 부모
와 형제, "환난 당한 모든 자와 빚진 모든 자와 마음이 원통한
자", 다윗의 용사들 그리고 여호와께서 다윗에게 "기르게 하신
이스라엘 백성" 모두가 위로부터 내리는 축복의 은총을 입게
된 것입니다.

사도 바울은 더 많은 사람을 얻기 위해서 모든 사람에게 종이 되어야 한다고 역설했습니다(고전 9:22). 저도 여러 나라 사람들의 따스한 손길을 통해 입은 은덕을 기억하며 한국을 방문하는 외국인들에게 조금이나마 보답해야 하겠다는 마음으로 친절하게 대하려고 노력하고 있습니다. 아래에 외국인인 저에게 미국과 유럽의 고마운 분들이 베풀어주신 은덕의 사례들을 회상해 보고자 합니다.

1962년에 미국 유학길에 오른 저는 TWA의 항공료를 감당할 수 없어서 그보다 가격이 3분의 1밖에 안 되는 시애틀로 가는 8,000톤 상선을 택하였는데 거기에서 곡물을 적재하고 돌아온다고 합니다. 큰 상선은 1주일이면 시애틀에 입항한다는데 이 배는 빈 배이었고 더욱이 겨울이라서 거센 파도를 피하며 2주일 후에야 그곳에 도착할 수 있었습니다. 항구에 도착한 것은 크리스마스 전날인 토요일이어서 저는 그곳 근무자에게 인근 교회로 안내하여 줄 것을 부탁하였는데 감사하게도 그 교회 목사님께서 초면인 저를 자택에서 토요일 밤과 주일 밤을 머물게 배려해 주셨습니다. 현관문을 채우지 않은 채 문 앞에 제 가방을 거기에 두고 2층으로 올라가는 것이 마음에 걸려 머뭇거리자 목사님께서 눈치를 채시고 "여기에서는 그냥 두어도 안전합니다"라고 말씀하셔서 무척 당황스러웠습니다. 토요일 저녁 미국에서 처음으로 '크리스마스이브' 파티와 주일에 성도들과 함께 성탄절 예배를 드리게 되어 감계가 무량했습니다. 듣기만 하던 미국이라는 나라로부터 받은 잊을 수 없는 첫 인상이었습니다. 제가 신학을 공부하기 위해 온 유학생이었기에 가능하였으니 이 모두 주님의 은혜였습니다.

1960년대에 미국 유학을 간 저는 미국인의 개혁교회 (Lansdale Reformed Church)에 출석하며 성도님들의 많은 사랑을 받았습니다. 한 장로님 가정에 초청을 받았는데 호수가 있고 터가 넓은 집이었습니다. 호숫가에 오리들이 있는 중에 몸집이 작은 한 마리가 있어서 이상하게 여겨 장로님께 여쭈어보았습니다. 장로님의 대답은 이러했습니다. 저 놈은 들 오리였는데 집오리들의 먹이를 좋아하여 즐겨먹다보니 몸이 무거워 날 수 없게 되어 집오리가 되었다는 것입니다. 저로 하여금 많은 생각을 하게 해주었습니다. 그리고 어느 성도님 가정에서 저녁식사 대접을 받은 일이 있었습니다. 식사 후에 그분이 한국에 계시는 어머니에게 전화통화를 하라고 제안하셨습니다. 당시에는 해외통화가 어려웠습니다. 3분 통화인데 대부분의 유학생들은 "엄마!" 하고는 울다가 통화가 끊긴다는 소문을 들은 바가 있습니다. 저는 연로하신 어머님이 갑작스러운 전화에 심장마비라도 걸리지 않으실까 떨리는 마음으로 통화를 할 수 있었습니다. 너무나 고마운 성도님이셨습니다. 그리고 경제적으로 어려움을 겪고 있는 저를 어느 장로님 가정에서는 숙식뿐만 아니라 박사과정 이수중인 저를 매일 도시에 있는 학교로 가는 기차역까지 아침저녁 차편으로 도움까지 주셨습니다. 제가 피로하여 보이면 자동차로 캐나다 나이야가라 폭포(Niagara Falls)로 같이 가서 휴식하게 해주셨습니다. 더욱이 한번은 뉴욕 메트로폴리탄 오페라하우스에서 푸치니의 오페라 투란도트(Turandot)를 관람할 수 있도록 배려를 해주셨는데 차로 두 시간 이상 가는 거리인데다 표를 예매해서야 가능한 일이었습니다. 유학생이었던 저와 아내는 그 교회의 존 클라크(John Clark) 목사님의 주례로 결혼식을 올렸는데 웨딩 케이크뿐만 아니라 웨딩파티까지 교회에서 준비해 주셨습니다.

　미국 유학 중이던 1967년 이스라엘과 이집트 간의 6일 전쟁이 끝난 직후 이스라엘에 가서 연구할 수 있는 기회가 있었습니다. 이스라엘 온 국민이 초막절을 지키기 위해 다윗광장에 모였는데 그야말로 인산인해를 이루었습니다. 더욱이 유대인의 전통에 의하면 이 초막절에 모세 오경인 '토라'가 주어졌다는 '토라의 즐거움'(씨므하트 토라)의 날이어서 세계 각국으로부터 가져온 유대인의 회당에 소장되었던 귀중한 토라 두루마리들이 그 화려한 모습을 드러냈습니다. 모두 춤을 추며 희열에 넘친 이 모습을 사진에 담으려고 하였으나 맨 뒤에 서 있는 키가 작은 저로서는 접근할 방법이 전혀 없어 절망적이었습니다. 그런데 바로 그때 누군가가 '신문기자다!'(이토아니!)라고 외친 것이 아니겠습니까! 아마도 동양인이 카메라를 소지하고 있으니 그렇게 이해한 것 같습니다. 그러자 홍해가 갈라지듯 앞길이 열려 무대 앞까지 갈 수가 있었습니다. 지금도 외국인

한 사람을 위한 그 고마운 외침을 잊지 못하고 기억하고 있습니다. 그리고 이스라엘을 떠나는 날 너무나 경황이 없어 택시에 카메라를 놓고 내려 공항에서 출국수속을 하고 있을 때에 그 택시기사가 카메라를 그곳까지 가지고 와서 저에게 전해주었습니다. 이스라엘에 이런 분들이 계시다니!

미국으로 돌아오는 길에 독일 슈배비쉬할(Schwäbisch Hall)에 있는 괴테어학원(Goethe-Institut)에서 독일어를 연마하게 되는 동시에 세계 각국에서 온 분들과 좋은 교제의 시간을 갖게 되어 매우 유익했습니다. 그러던 어느 날 사무실에 들르라는 소식을 받고 갔습니다. 그 지역 '라이온스 클럽'으로부터 수강생 두 사람을 보내달라는 청원을 받고 저와 캐나다에서 온 철학과 교수를 추천했으니 그곳에 다녀오라는 것이었습니다. 상식이 부족한 저는 클럽이라는 낱말 자체에도 호감이 가지 않았을 뿐만 아니라 이 클럽이 희귀 동물인 사자를 보호하는 단체로 오인했습니다. 여하간 그날 분에 넘치는 대접을 그 분들로부터 받게 된 것을 감사한 마음으로 기억하고 있습니다. 독일에서 이런 대우를 받다니!

그리스(Greece)를 방문하여 사도 바울의 행적을 더듬어보는 동시에 현대헬라어를 배우기 위해 잠시 아테네에 머물면서 학원(希美學院)에 등록한 적이 있었습니다. 그리스 사람들은 저를 너무나 친절하게 대해 주었습니다. 우선 행인에게 버스 정류장을 물어보면 자신이 직접 그곳으로 안내해주고 버스 비도 지불해주었습니다. 부활절 기간에 여행을 했는데 우리나라의 명절과 같이 국민의 대이동이 전개되었습니다. 열차에 탔으나 자리가 없어 서 있는 저를 본 역무원이 저를 안내하여 역무원 가족들을 위한 전용차량에 자리를 만들어 주었습니다. 피곤하여 잠이 들었다가 깨어보니 부활절 케이크가 제 옆에 놓여 있었습니다. 제가 잠든 사이에 누군가가 선물하셨던 것입니다. 그리스인들은 이렇게 친절하구나!

사도 바울의 행적을 더듬어 보려고 그리스의 한 도시에 도달했을 때에 우연히 벨기에(Belgium)에서 오신 분과 대화를 나누는 가운데 짧은 기간이었으나 친밀한 관계를 이루게 되었습니다. 그러자 그분이 자신의 집 주소와 전화번호를 주시며 꼭 방문해 달라는 부탁을 하였습니다. 그래서 그 후 벨기에 공항에 내려 전화를 드렸더니 그분이 공항으로 마중을 나오셔서 하루를 묵으며 관광도 하는 귀한 기회가 있었습니다. 초면이었는데도 저를 이렇게 친절하게 대해주셔서 몸 둘 바를 몰랐습니다. 벨기에에 이렇게 고마운 분이 있으시구나!

1983년 여름에 영국 케임브리지(Cambridge)에 있는 성경 연구소 틴데일 하우스(Tyndale House)에서 아내와 큰 딸 등 세 식구가 한 달반 동안 유숙하며 연구를 할 기회가 있었습니다. 별로 알려지지도 않은 저에게 두 방에 부엌이 달린 독채를 마련해 주어 조용히 연구할 수 있는 귀한 기회를 가졌습니다. 그 곳에서 개최되는 구약학회를 통해 유럽의 복음주의 신학자들

과 친분을 쌓게 되어 기뻤습니다. 1944년에 창설된 이곳은
풍부한 자료들을 소유할 뿐만 아니라 케임브리지 대학교 도서
관의 자료들도 활용할 수 있어서 학자들에게는 이상적인 연구
소입니다. 저는 쉬는 시간에 늘 정원의 잡초들을 뽑았습니다.
그러던 어느 날 소장님이 저에게 이런 말씀을 하셨습니다. 자
기 아들이 "저분에게 인건비는 얼마나 드립니까?"라고 물었다
고 합니다. 그래서 "그냥 봉사하셔"라고 대답했더니 아들이 너
무나 감동을 받았다고 하며 아들에게 좋은 본을 보여주어 고
맙다고 하셨습니다. 결국 구약신학을 전공한 사람이 자신의
전공분야가 아닌 실천신학 분야에서 좋은 점수를 받은 격이
되었습니다. 저는 감사한 마음으로 종종 소장님에게 안부를
전하곤 합니다.

칼빈(J.Calvin)에 의하면 하나님께서는 인간들 간의 화목을
얼마나 기뻐하시는가를 그들에게 축복을 소나기를 퍼붓듯 하
심으로 증명하신다고 합니다. 그리고 할틀리(J.E.Hartley)는 이
렇게 역설합니다. 하나님께서 이루어지도록 명령하신 것은 그
것이 성취되도록 하는 방도도 마련하십니다. 하나님께서는 명
령하신 것을 기억하시고 자신이 명령하여 포고된 바의 부분
하나하나를 주의 깊게 성취하십니다.

사랑은 내리 사랑이라고 하는데 다름이 아닌 하나님의 사
랑이 그러합니다. "사랑은 여기 있으니 우리가 하나님을 사랑

한 것이 아니요 하나님이 우리를 사랑하사 우리 죄를 속하기 위하여 화목제물로 그 아들을 보내셨음이라"(요1서 4:10). 하나님께서 베푸시는 축복도 그러하기에 시편 133편에서 이를 기름과 이슬로 비유한 것입니다. 기름과 이슬은 높은 데에서 낮은 곳으로 흘러내려오는 법입니다. 팔레스틴에서 가장 큰 강인 동시에 세계에서 수면이 가장 낮은 요단(야르덴) 강은 시리아의 헐몬 산과 레바논에서 발원 하여 남쪽의 갈릴리 호수를 지나 사해로 흘러들어 갑니다. '요단'의 어원도 "흘러내리다"(yrd)에서 유래 하였다고 이해됩니다. 우리 모두 이 축복이 계속 더 많은 사람들에게 풍성하게 흘러내리게 하는 데 쓰임을 받는 복된 도관(導管)이 되어야 하겠습니다.

참고문헌

Anderson, A. A. *Psalms. Vol. 2*. New Century Bible (Oliphants, 1972).

Beecher, H. W. *The Thoughts, Gathered From the Extemporaneous Discourses of H. W. Beecher* (Philip Simpson, 1858).

Beek, M. A. "The Meaning of the Expression 'The Chariots and Horsemen of Israel' (II Kings ii 12)," *Old Testament Studies* 17 (1972): 1-10.

Beeke, J. R. *Jehovah Shepherding His Sheep* (Reformed Heritage Books. 1997).

조엘 비키 지음, 김철두 옮김,(생명의 말씀사, 2000).

Block, D. I. *The Book of Ezekiel Chapters 1-24*. New International Commentary on the Old Testament (Eerdmans, 1997).

-------, *The Book of Ezekiel Chapters 25-48*… (Eerdmans, 1998).

Calvin, J. *Calvin's New Testament Commentaries vol. 7. The Acts of*

Apostles 14 - 28. Vol. II. Trans. by J. S. Fraser (Eerdmans, rep. 1977).

------, *Commentary on the Book of Psalm*. Trans by J. Anderson. Vol. Fifth (Eerdmans. 1949).

Carroll, R. P. "The Elijah-Elisha Sagas: Some Remarks on Prophetic Succession in Ancient Israel Author(s)," *Vetus Testamentum* 19 (1969): 400-415.

Devries, S. J. *I Kings*, Word Biblical Commentary 12 (Word Books, 1985).

Edersheim, A. *Biblical History: Old Testament* (Eerdmans, 1990).

------------, *History of Israel and Judah: From the birth of Solomon to the reign of Ahab* (Fleming H. Revell, 1880).

Gesenius' Hebrew Grammar. Ed. E. Kautsch. Trans. by A. E. Cowley. 2nd ed. (Clarendon, 1910).

Die Gute Nachricht. Altes und Neues Testament (Deutsche Bibelstiftung Stuttgart, 1978).

Hendricksen, W. *Thessalonians, Timothy and Titus*. New Testament Commentary (Baker, 1955).

Henry, M. *Matthew Henry's Commentary in One Volume*. Ed. by L. F. Church (Zondervan, 1974).

『단권 매튜헨리 구약주석』(상). 매튜헨리번역위원회 옮김 (도서출판 풍만, 1986).

Keil, C. F. *The Books of the Kings*. Biblical Commentary on the Old Testament(1950).

Rowley, H. H. "Elijah on Mount Carmel," *Bulletin of the John Rylands*

University Library of Manchester 43 (1960): 190-219.

Theological Wordbook of the Old Testament. 2 vols. R. Laird Harris, et al., eds. (Moody, 1980).

VanGemeren, W. A. *Interpreting the Prophetic Word* (Zondervan, 1990).

Velden, Hassfeld-van der. "שׁלח shālaḥ," *Theological Dictionary of the Old Testament.* vol. 15, eds., G. Botterweck, H. Ringgren and H.-J. Fabry. Trans. by D. E. Green (Eerdmans, 2006), pp. 49-71.

Wiseman, D. J. *1 & 2 Kings.* Tyndale Old Testament Commentaries (IVP, 1993).

Wood, L. J. *The Prophets of Israel* (Baker, 1979).

Young, E. J. *An Introduction to the Old Testament* (Eerdmans, 1960).

Zimmerli, W. *Ezkiel 1.* Trans. by R. E. Clements, Hermeneia (Fortress, 1979).

------------, *Ezekiel 2.* Trans. by D. J. Martin, Hermeneia (Fortress, 1979).

김정우, 『시편주석 III (90-150편)』 (총신대학교출판부, 2010).

박윤선, 『성경주석: 사무엘서, 열왕기, 역대기』 (영음사, 1984).

윤영탁, 『순례자의 소나타 시편 23편』 (합신대학원출판부, 2020^2).